对接世界技能大赛技术标准创新系列教材

技工院校一体化课程教学改革汽车维修专业教材

汽车发动机简单故障检修（一）教师用书

人力资源社会保障部教材办公室　组织编写

worldskills China

简介

本套教材为对接世赛标准深化一体化专业课程改革汽车维修专业教材，学习内容对接世赛汽车技术、车身修理、汽车喷漆项目，学习目标融入世赛要求，考核标准对接世赛技能标准，考核评价方法参照世赛评分方案，并设置了世赛知识栏目。

本书为《汽车发动机简单故障检修（一）》的配套教师用书，在《汽车发动机简单故障检修（一）》的基础上增加了引导问题的参考答案，并给出了学习任务设计方案和教学活动策划表，内容丰富、实用，有助于教师更好地开展一体化教学。

图书在版编目（CIP）数据

汽车发动机简单故障检修（一）教师用书 / 人力资源社会保障部教材办公室组织编写. -- 北京：中国劳动社会保障出版社，2022

对接世界技能大赛技术标准创新系列教材　技工院校一体化课程教学改革汽车维修专业教材

ISBN 978-7-5167-5563-1

Ⅰ. ①汽…　Ⅱ. ①人…　Ⅲ. ①汽车 - 发动机 - 故障修复 - 技工学校 - 教学参考资料　Ⅳ. ①U472.43

中国版本图书馆 CIP 数据核字（2022）第 165517 号

中国劳动社会保障出版社出版发行

（北京市惠新东街 1 号　邮政编码：100029）

*

北京市白帆印务有限公司印刷装订　　新华书店经销

880 毫米 ×1230 毫米　16 开本　11.75 印张　273 千字

2022 年 10 月第 1 版　　2022 年 10 月第 1 次印刷

定价：35.00 元

营销中心电话：400-606-6496

出版社网址：http://www.class.com.cn

http://jg.class.com.cn

对接世界技能大赛技术标准创新系列教材

编审委员会

主　任：刘　康

副主任：张　斌　王晓君　刘新昌　冯　政

委　员：王　飞　翟　涛　杨　奕　张　伟　赵庆鹏　姜华平
杜庚星　王鸿飞

汽车维修专业课程改革工作小组

课 改 校：杭州技师学院　重庆五一技师学院
云南交通技师学院　山东工程技师学院　广东省机械技师学院
广州市工贸技师学院　山西交通技师学院　大连交通技师学院
广州市交通技师学院　江苏省盐城技师学院

技术指导：郭七一

编　　辑：马　琳　伍召莉

本书编审人员

主　编：曾有为

副主编：向应军　袁祥朋

参　编：张道霖　曹　燕　杨　洋　刘　军　王　镧　刘晓明
李　彦　杨　杰

主　审：金君堂

序

世界技能大赛由世界技能组织每两年举办一届，是迄今全球地位最高、规模最大、影响力最广的职业技能竞赛，被誉为“世界技能奥林匹克”。我国于 2010 年加入世界技能组织，先后参加了五届世界技能大赛，累计取得 36 金、29 银、20 铜和 58 个优胜奖的优异成绩。第 46 届世界技能大赛将在我国上海举办。2019 年 9 月，习近平总书记对我国选手在第 45 届世界技能大赛上取得佳绩作出重要指示，并强调，劳动者素质对一个国家、一个民族发展至关重要。技术工人队伍是支撑中国制造、中国创造的重要基础，对推动经济高质量发展具有重要作用。要健全技能人才培养、使用、评价、激励制度，大力发展技工教育，大规模开展职业技能培训，加快培养大批高素质劳动者和技术技能人才。要在全社会弘扬精益求精的工匠精神，激励广大青年走技能成才、技能报国之路。

为充分借鉴世界技能大赛先进理念、技术标准和评价体系，突出“高、精、尖、缺”导向，促进技工教育与世界先进标准接轨，完善我国技能人才培养模式，全面提升技能人才培养质量，人力资源社会保障部于 2019 年 4 月启动了世界技能大赛成果转化工作。根据成果转化工作方案，成立了由世界技能大赛中国集训基地、一体化课改学校，以及竞赛项目中国技术指导专家、企业专家、出版集团资深编辑组成的对接世界技能大赛技术标准深化专业课程改革工作小组，按照创新开发新专业、升级改造传统专业、深化一体化专业课程改革三种对接转化原则，以专业培养目标对接职业描述、专业课程对接世界技能标准、课程考核与评价对接评分方案等多种操作模式和路径，同时融入健康与安全、绿色与环保及可持续发展理念，开发与世界技能大赛项目对接的专业人才培养方案、教材及配套教学资源。首批对接 19 个世界技能大赛项目共 12 个专业的成果将于 2020—2021 年陆续出版，主要用于技工院校日常专业教学工作中，充分发挥世界技能大赛成果转化对技工院校技能人才的引领示范作用。在总结经验及调研的基础上选择新的对接项目，陆续启动第二批等世界技能大赛成果转化工作。

希望全国技工院校将对接世界技能大赛技术标准创新系列教材，作为深化专业课程建设、创新人才培养模式、提高人才培养质量的重要抓手，进一步推动教学改革，坚持高端引领，促进内涵发展，提升办学质量，为加快培养高水平的技能人才作出新的更大贡献！

2020年11月

汽车维修专业一体化教学参考书目录（中级阶段）

序号	书名
1	汽车文化（第二版）
2	机械识图（第四版）
3	机械基础（第四版）
4	电工与电子技术基础（第四版）
5	汽车材料（第四版）
6	钳工技能训练（第四版）
7	汽车维修企业管理（第二版）
8	汽车发动机构造与维修（第二版）
9	汽车底盘构造与维修（第二版）
10	汽车电气设备构造与维修（第二版）
11	汽车维护与故障诊断（第三版）
12	汽车构造（第三版）
13	汽车维护
14	汽车空调
15	汽车电气设备（第二版）
16	汽车维修技术手册

汽车发动机简单故障检修对应的学习任务

教材名称	对应的学习任务
汽车发动机简单故障检修（一）	学习任务一　汽车发动机水温高故障检修
	学习任务二　汽车发动机不能启动故障检修
	学习任务三　汽车汽油发动机加速无力故障检修
	学习任务四　汽车柴油发动机加速无力故障检修
汽车发动机简单故障检修（二）	学习任务五　汽车发动机动力不足故障检修
	学习任务六　汽车发动机异响故障检修
	学习任务七　汽车发动机机油警告灯亮故障检修
	学习任务八　汽车发动机故障警告灯亮故障检修

目 录

学习任务一　汽车发动机水温高故障检修

学习目标

1. 能描述冷却系统的作用、组成、分类和水路循环过程，明确汽车发动机水温高故障的检修内容、检修流程及检修方法。

2. 能描述冷却液的组成、特性及选用要求，分析冷却液变质的原因，并能进行冷却液的检查与更换。

3. 能描述节温器的作用、分类、结构和工作原理，分析节温器不工作的原因，并能进行节温器的检查与更换。

4. 能描述水泵的作用、分类、结构和工作原理，分析水泵工作异常的原因，并能进行水泵的检查与更换。

5. 能描述冷却风扇的分类、作用和工作原理，分析冷却风扇工作异常的原因，并能进行冷却风扇的检查与更换。

6. 能描述散热器的作用、结构和工作原理，分析散热器散热不良的原因，并能进行散热器的检查与更换。

7. 能对维修场地的相关设备进行日常维护与保养，按6S管理规定清理现场。

8. 能对相关资料、互联网资源进行检索，完成维修工单、工作页的填写。

9. 能展示工作成果，进行任务评价，总结工作经验，优化检修方案。

10. 能在作业过程中严格执行企业操作规范、安全生产制度、环保管理制度，严格遵守从业人员的职业道德，具有吃苦耐劳、爱岗敬业的工作态度和职业责任感。

建议学时

16学时

工作情境描述

一辆轿车进厂检修，客户反映汽车行驶过程中出现水温警告灯亮现象，经维修技师检查初步判断为发动机冷却系统故障。汽车维修人员需要根据维修手册的相关要求，在规定时间内完成发动机冷却系统的检查与零部件的更换，完成后交付验收。

工作流程与活动

1. 冷却系统的认知（2 学时）
2. 冷却液的检查与更换（4 学时）
3. 节温器的检查与更换（2 学时）
4. 水泵的检查与更换（2 学时）
5. 冷却风扇的检查与更换（2 学时）
6. 散热器的检查与更换（2 学时）
7. 工作总结与评价（2 学时）

思维导图

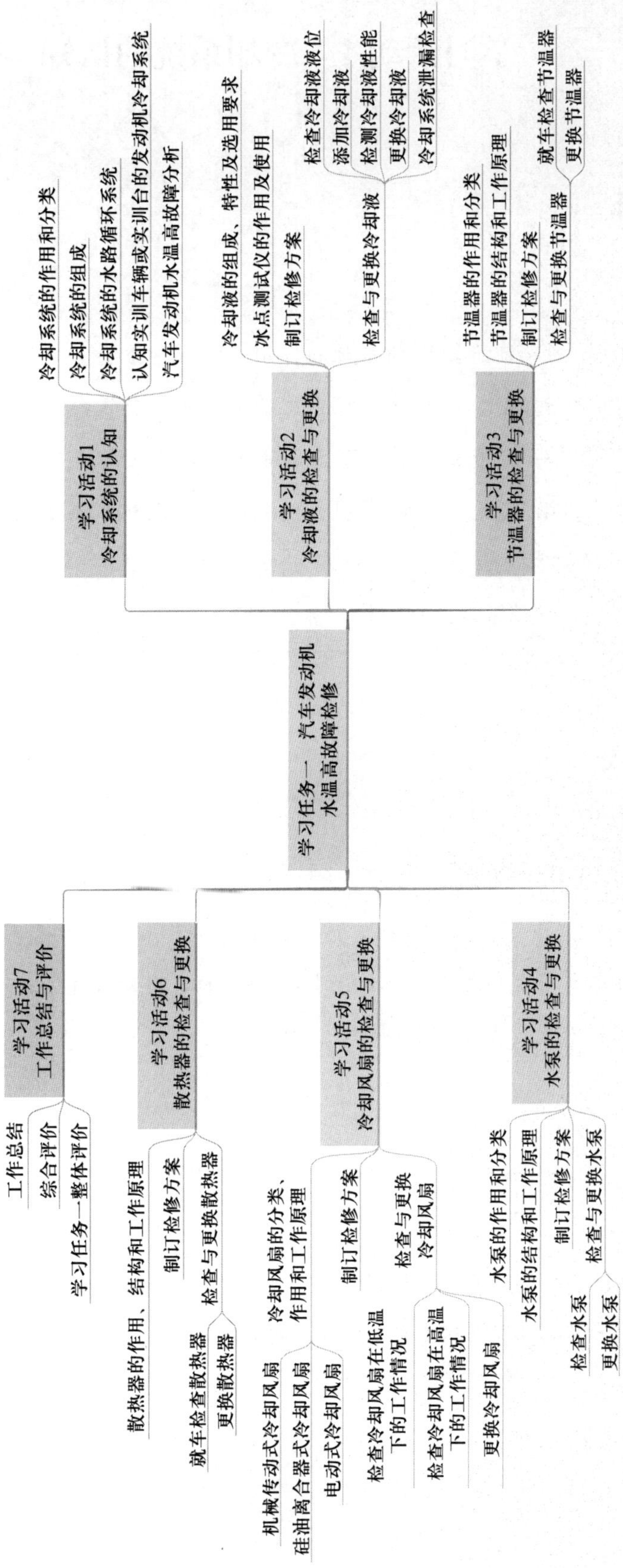

- 学习任务一　汽车发动机水温高故障检修
  - 学习活动1 冷却系统的认知
    - 冷却系统的作用和分类
    - 冷却系统的组成
    - 冷却系统的水路循环系统
    - 认知实训车辆或实训台的发动机冷却系统
    - 汽车发动机水温高故障分析
  - 学习活动2 冷却液的检查与更换
    - 冷却液的组成、特性及选用要求
    - 冰点测试仪的作用及使用
    - 制订检修方案
    - 检查与更换冷却液
      - 检查冷却液液位
      - 添加冷却液
      - 检测冷却液性能
      - 更换冷却液
      - 冷却系统泄漏检查
  - 学习活动3 节温器的检查与更换
    - 节温器的作用和分类
    - 节温器的结构和工作原理
    - 制订检修方案
    - 检查与更换节温器
      - 就车检查节温器
      - 更换节温器
  - 学习活动4 水泵的检查与更换
    - 水泵的作用和分类
    - 水泵的结构和工作原理
    - 制订检修方案
    - 检查与更换水泵
      - 检查水泵
      - 更换水泵
  - 学习活动5 冷却风扇的检查与更换
    - 冷却风扇的分类、作用和工作原理
      - 机械传动式冷却风扇
      - 硅油离合器式冷却风扇
      - 电动式冷却风扇
    - 制订检修方案
    - 检查与更换冷却风扇
      - 检查冷却风扇在低温下的工作情况
      - 检查冷却风扇在高温下的工作情况
      - 更换冷却风扇
  - 学习活动6 散热器的检查与更换
    - 散热器的作用、结构和工作原理
    - 制订检修方案
    - 检查与更换散热器
      - 就车检查散热器
      - 更换散热器
  - 学习活动7 工作总结与评价
    - 工作总结
    - 综合评价
    - 学习任务一整体评价

学习活动 1　冷却系统的认知

学习目标

1. 能描述冷却系统的作用、组成和分类。

2. 能描述水路循环系统的分类和工作过程。

3. 能在发动机台架上正确找到冷却系统相关的零部件。

4. 能通过查阅资料，明确汽车发动机水温高故障的检修内容、检修流程及检修方法。

建议学时：2 学时。

学习过程

一、冷却系统的作用和分类

1. 简述冷却系统的作用。

冷却系统的作用主要是将发动机的热量散发到空气中以防止发动机过热。此外，冷却系统还能使发动机尽快升温，并保持恒温，以使发动机达到最佳的运行状况。

2. 冷却系统根据冷却方式不同，有哪些分类?

冷却系统根据冷却方式不同分为水冷式和风冷式两类。

二、冷却系统的组成

1. 发动机冷却系统主要由水泵、散热器、电动风扇、冷却液膨胀箱、气缸体水套、气缸盖水套、节温器以及附属装置（如采暖装置）等组成，如图 1-1-1 所示。

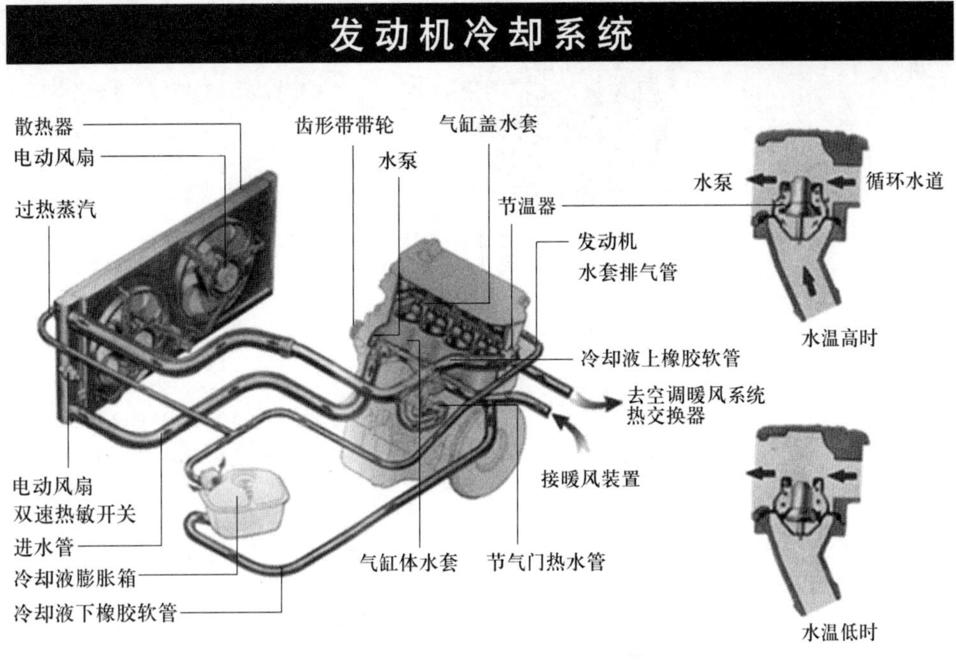

图 1-1-1　发动机冷却系统的组成

2. 根据实物图，填写发动机冷却系统各组成零部件的名称及作用（表 1-1-1）。

表 1-1-1　　发动机冷却系统各组成零部件的名称及作用

零部件名称	实物图	作用
水泵		对冷却液加压，强制冷却液在冷却系统中循环流动
散热器		将冷却液从水套内吸收的热量传递给外界空气，使冷却液降温，并为冷却系统储存一定量的冷却液

续表

零部件名称	实物图	作用
电动风扇		提高流经散热器的空气流速和流量，以增强散热器的散热能力并冷却发动机附件
冷却液膨胀箱		保证散热器内充满冷却液，使散热器内的冷却液在受热膨胀时有释放的空间，在冷却收缩时有补偿余量，并且有一定的富余水量用以避免消耗缺水
节温器		根据冷却液温度调节进入散热器的水量，以保证发动机在适宜的温度范围内工作，可起到节能降耗的作用
冷却液温度传感器		将冷却液温度转换成电信号，并输入电子控制单元，用于修正燃油喷射量和点火时间
散热器盖		封闭加水口，防止冷却液溅出；排出冷却系内的水蒸气（通过蒸气排出管排出），降压；平衡冷却系内的压力，增压

三、冷却系统的水路循环系统

冷却系统的水路循环系统包括大循环、小循环、混合循环及采暖循环等，查阅资料，完成水路循环系统示意图的绘制。

1. 大循环：

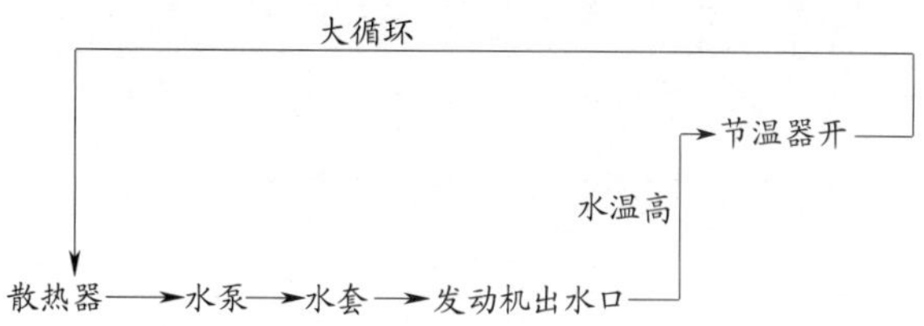

2. 小循环：

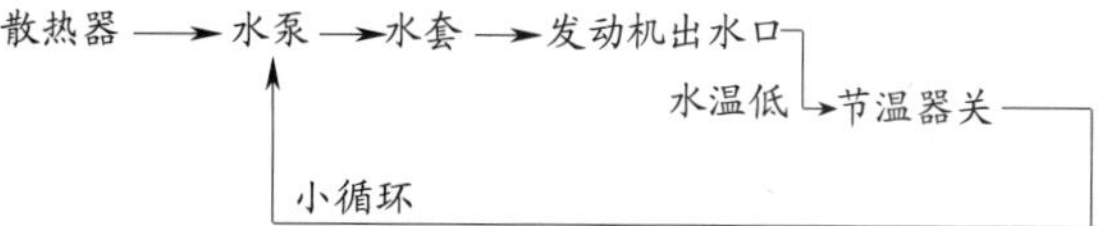

3. 混合循环：

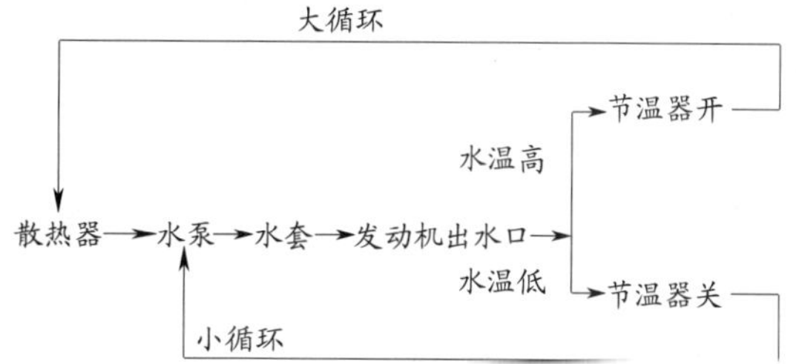

4. 采暖循环：

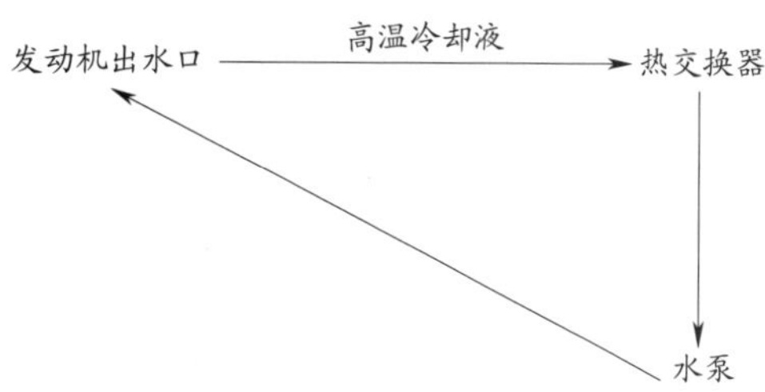

四、认知实训车辆或实训台的发动机冷却系统

对照实训车辆或实训台的发动机冷却系统，以小组为单位绘制一张冷却系统工作原理简图，并向其他组展示和说明该系统各组成零部件的名称、作用和安装位置。

五、汽车发动机水温高故障分析

汽车发动机水温高可能是因发动机冷却系统故障导致的。根据你对发动机冷却系统的了解，小组讨论发动机水温高时，应主要对发动机冷却系统的哪些方面进行检修，以及对应的检修流程和检修方法等，将讨论结果填写在下面的横线上并向其他组展示和说明。

六、学习过程评价

学习过程评价见表 1–1–2。

表 1–1–2　　学习过程评价表

<table>
<tr><td>班级</td><td></td><td>姓名</td><td></td><td>学号</td><td></td><td>日期</td><td>年　月　日</td></tr>
<tr><td>序号</td><td colspan="5">评价要点</td><td>配分 / 分</td><td>得分</td><td>总评 / 分</td></tr>
<tr><td>1</td><td colspan="5">能正确识读和填写工作页，明确学习活动的要求</td><td>10</td><td></td><td rowspan="8">A □（86 ~ 100）
B □（76 ~ 85）
C □（60 ~ 75）
D □（60 以下）</td></tr>
<tr><td>2</td><td colspan="5">能描述冷却系统的作用、分类和组成</td><td>20</td><td></td></tr>
<tr><td>3</td><td colspan="5">能查阅资料，正确绘制水路循环系统示意图</td><td>15</td><td></td></tr>
<tr><td>4</td><td colspan="5">能对照实物，正确说出冷却系统各组成零部件的名称、作用及安装位置</td><td>10</td><td></td></tr>
<tr><td>5</td><td colspan="5">能查阅资料，明确汽车发动机水温高故障的检修内容、检修流程及检修方法</td><td>15</td><td></td></tr>
<tr><td>6</td><td colspan="5">能遵守劳动纪律，以积极的态度接受工作任务</td><td>10</td><td></td></tr>
<tr><td>7</td><td colspan="5">能积极参与小组讨论，发挥团队合作精神</td><td>10</td><td></td></tr>
<tr><td>8</td><td colspan="5">能及时完成教师布置的任务</td><td>10</td><td></td></tr>
<tr><td colspan="6">总　分</td><td>100</td><td></td><td></td></tr>
<tr><td>小结
建议</td><td colspan="8"></td></tr>
</table>

学习活动 2　冷却液的检查与更换

学习目标

1. 能描述冷却液的组成、特性及选用要求。

2. 能描述冰点测试仪的作用，正确使用冰点测试仪。

3. 能分析冷却液变质的原因，明确冷却液失效的检修内容和检修方法。

4. 能规范地完成冷却液的检查与更换。

建议学时：4 学时。

学习过程

一、冷却液的组成、特性及选用要求

1. 什么是冷却液？它由哪些成分组成？

冷却液又称防冻液，是汽车发动机不可缺少的部分。它在发动机冷却系统中循环流动，将发动机工作中产生的多余热能带走，保证发动机在适宜的温度范围内工作。

冷却液主要由水、防冻剂、添加剂三部分组成，冷却液按防冻剂成分不同可分为酒精型、甘油型、乙二醇型三种类型。

2. 冷却液具有哪些特性？

（1）防冻：为了防止汽车在冬季停车后，冷却液结冰而造成散热器、发动机缸体破裂，要求冷却液的冰点应低于该地区最低温度 10 ℃左右，以备天气突变。

（2）防腐蚀：冷却液中加有一定量的防腐蚀添加剂，用于防止金属部件腐蚀及橡胶件老化。

（3）防水垢：冷却液在循环过程中应尽可能少地减少水垢的产生，以免堵塞循环管道，影响冷却系统的散热能力。

（4）防沸腾：符合国家标准的冷却液，其沸点通常都超过 105 ℃，与水相比，冷却液能耐受更高的温度而不沸腾，在一定程度上满足了高负荷发动机的散热冷却需要。

3. 冷却液的选用要求有哪些?

冷却液冰点指标可划分为 –25 号、–30 号、–35 号、–40 号、–45 号和 –50 号，由高到低依次排列。在选用时要求冷却液的冰点比汽车所在地区最低气温低 10 ℃，沸点至少在 105 ℃以上。

二、冰点测试仪的作用及使用

1. 冰点测试仪的外形如图 1–2–1 所示，查阅资料，简述冰点测试仪主要用于检测哪些参数。

冰点测试仪主要测定的参数有冷却液冰点、电解液比重、玻璃水冰点等。

图 1–2–1　冰点测试仪

2. 简述冰点测试仪的使用方法。

（1）掀开盖板，用柔软绒布将盖板及棱镜表面擦拭干净。

（2）将待测液体用吸管滴于棱镜表面，合上盖板轻轻按压，然后将冰点测试仪对向明亮处，旋转目镜使视场内的刻线清晰，读出明暗分界线在分划板上相应标尺的数值即可。

（3）测试完毕，用柔软绒布将盖板及棱镜表面擦拭干净，清洗吸管，将冰点测试仪放置于包装盒内。

注意，在测量电解液时，不要将其洒在皮肤上或溅入眼睛，以防烧伤。

三、制订检修方案

1. 查阅资料，回答下列问题。

（1）造成冷却液变质的原因有哪些?

1）冷却液中含有多种添加剂，冷却液长时间在发动机内循环会氧化，颜色会发生改变。

2）冷却液中的化学成分和水中的钙质等矿物质发生化学反应。

（2）冷却液失效时，应主要从哪些方面对其进行检查？采用什么检修方法?

冷却液失效时，应主要对其添加量是否合适、是否变质等进行检查。

检修方法如下。

当缺少冷却液时，需要加注同型号的冷却液到规定液面；当冷却液变质时，需要进行更换；若水套内形成水垢，也需要进行清理。

2. 根据具体工作内容，明确小组成员分工，填写表 1–2–1。

表 1–2–1　小组成员分工

姓名	分工

3. 根据要求列出维修所需主要工具及材料清单，填写表 1–2–2。

表 1–2–2　维修所需主要工具及材料清单

序号	工具及材料名称	单位	数量	备注

4. 根据小组分工情况及客户要求，制订具体的维修工序，填写表 1–2–3。

表 1–2–3　维修工序安排

序号	维修工序内容	备注

四、检查与更换冷却液

1. 检查冷却液液位

冷却液的液位检查是通过观察冷却液膨胀箱内的液面位置来确定的，冷却液的液面位置应在最低（min）和最高（max）两条标记线之间，如图 1–2–2 所示。

查阅资料，简述如何正确观测和读取冷却液液位。

图 1–2–2　标记线

需要在发动机熄火后才能检查并读取冷却液液位。发动机处于冷态时，冷却液液面应在 max 和 min 两条标记线之间。液位不易观察时可以透过灯光进行查看。

2. 添加冷却液

如果发现冷却液液面低于冷却液膨胀箱上所标的最低标记线，或打开散热器盖后，观察到冷却液液面较低，说明冷却液发生了泄漏，需要检查冷却液的泄漏部位。一般在泄漏部位会有水垢的痕迹，先更换发生泄漏的部件，再将冷却液添加到合适的位置。添加冷却液如图 1–2–3 所示。

a)

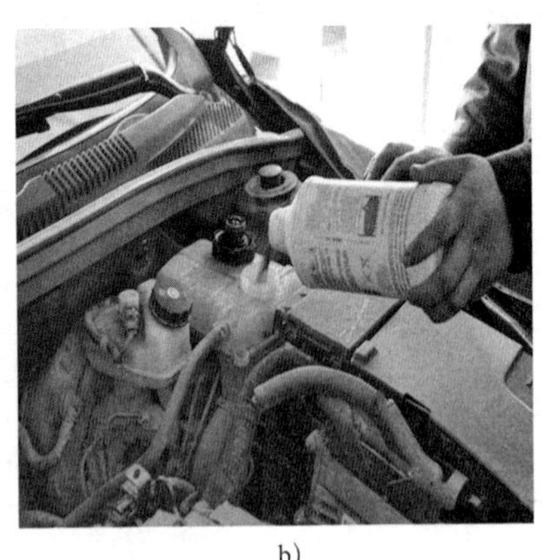

b)

图 1–2–3　添加冷却液

a）打开盖子　b）倒入冷却液

查阅资料，写出添加冷却液的注意事项。

（1）不要混加冷却液。

（2）更换冷却液时，应对冷却系统内部进行清洗。

（3）避免兑水使用。

（4）冷却液有效期多为两年，添加时应确认产品在有效期内。

3. 检测冷却液性能

冰点测试是对冷却液能否在寒冷环境中使用的一种防冻性能测试，可采用冰点测试仪来检测冷却液冰点的高低，用冰点测试仪检测冷却液的性能如图 1–2–4 所示。

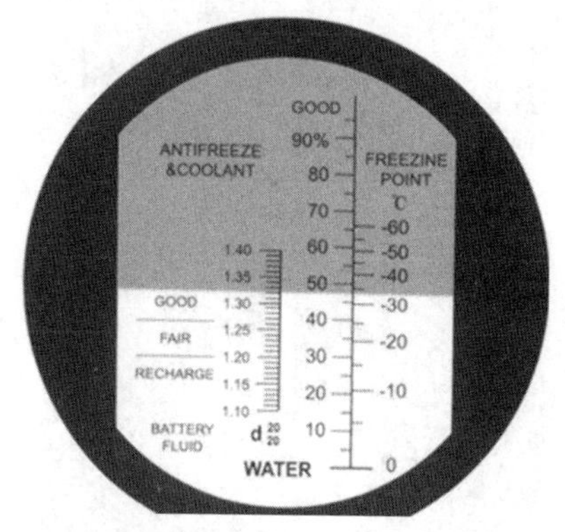

图 1–2–4　用冰点测试仪检测冷却液的性能

（1）通过检测结果，如何辨别冷却液的冰点是否达标？

各种冷却液的冰点是不一样的，这是根据不同地区、不同环境温度决定的。冷却液的冰点一般在 –68 ~ –15 ℃。

（2）对冷却液外观的鉴别内容有哪些？

通过观察冷却液的外观、辨别其气味，可对冷却液进行直观判别。冷却液应透明、无沉淀、无异味。如果发现冷却液浑浊、气味异常，说明其已严重变质，应立即停止使用。

在散热器盖或散热器加水口的周围应没有任何锈迹或积垢。如果过脏，则应更换冷却液。

（3）什么是冷却液 pH 值的检测？ pH 值为多大时应停止使用冷却液？

pH 值是表示溶液酸碱度的指标。金属在酸性溶液中受腐蚀的速度很快。为了防止这种腐蚀的产生，冷却液中加入的添加剂均为碱性物质，以保证冷却液的 pH 值为 7~11；使用中的冷却液在高温下不断氧化，生成酸性物质，消耗部分防腐剂，使 pH 值下降，液体逐渐呈酸性。可采用 pH 试纸检测法对冷却液的 pH 值进行现场测试，当 pH 值小于 7 时，应停止使用。

4．更换冷却液

根据表 1–2–4 的操作规范，完成冷却液的更换。

表 1–2–4　　更换冷却液

序号	操作图示	作业要领	完成情况
1		排出发动机冷却液。取下散热器盖，松开散热器放水开关，排出冷却液。部分车型要先把散热器的出水管拆卸下来才能排出冷却液	完　成□ 未完成□
2	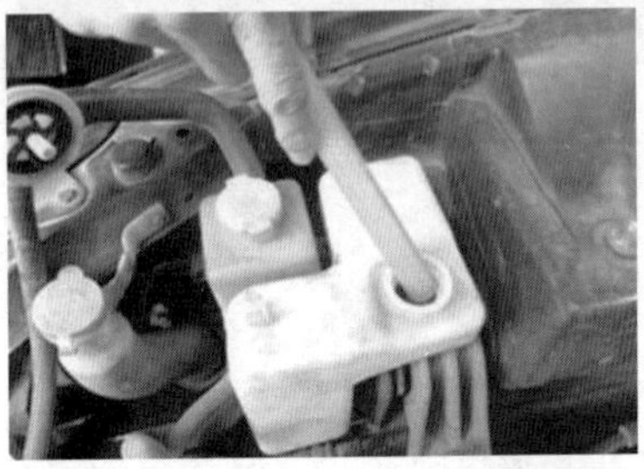	清洗冷却系统。用清水清洗冷却系统，重复 2 ~ 3 次，直至清洗出来的水清澈透明、没有颜色及杂质为止	完　成□ 未完成□
3		重新加注冷却液。拔下空调暖气水管，尽量将其抬高，部分车型还要松开发动机上的排气阀螺钉。注意不能弄丢垫片	完　成□ 未完成□
4		慢慢向冷却系统加注口加注冷却液，直至空调暖气水管有新添加的冷却液流出	完　成□ 未完成□
5		接上空调暖气水管并继续加注冷却液，直至液面达到规定液位高度	完　成□ 未完成□

续表

序号	操作图示	作业要领	完成情况
6		盖上冷却液膨胀箱盖，再次启动发动机，使其怠速运转，暖机到节温器打开，冷却液被带入大循环，此时液面高度会下降	完　成□ 未完成□
7		关闭发动机，待温度下降，低于约 50 ℃时，再向冷却液膨胀箱加注冷却液至“max”标记线位置	完　成□ 未完成□

（1）为什么要先取下散热器盖，再松开散热器放水开关？（提示：真空度、大气压力的影响会阻碍冷却液的排放）

因为受大气压力影响，当先打开放水开关时，水道内的真空度会发生变化，会影响冷却液的排放，因此需要先取下散热器盖，再打开放水开关。

（2）写出取下散热器盖的注意事项。

1）为避免烫伤，勿在发动机温度很高时取下散热器盖。

2）用厚布包裹住散热器盖，小心地拧开。先转动 1/4 圈，释放散热器内的压力，然后再完全拧开散热器盖。

（3）简述彻底清洗冷却系统的操作流程和注意事项。

放净冷却液，将混有清洗剂的清洗液加入冷却系统中。启动发动机，使发动机温度达到正常工作温度并怠速运转 20~30 min，然后使发动机停止转动，待发动机冷却后放出清洗液。

将发动机内注满清洁的水，再启动发动机使其怠速运转 10 min 后放出水即可。如果排出的水较脏，应继续用清水反复清洗，直到放出清洁的水为止。

清洗冷却系统时，如果发动机温度低于正常工作温度，则节温器阀不能打开，清洗液只做小循环，并不在散热器中循环，所以必须保持发动机在正常工作温度。

在清洗冷却系统后，应再次检查散热器中冷却液的情况。如果发现散热器口有气泡出现，说明冷却系统内混有空气。常见的原因是气缸内的气体进入冷却系统，此时应送厂维修。

（4）为什么要取下空调暖气水管（或松开发动机上的排气阀螺钉）后，再进行冷却液的加注?

由于空调暖气水管和发动机上的排气阀螺钉都在发动机的上端，为了在加注冷却液的过程中更便于发动机水道内的空气排出，在加注时要取下空调暖气水管或松开发动机上的排气阀螺钉。

（5）为什么不能在热车时向散热器加注冷却液? 冷却液的液面高度在节温器打开后下降的原因是什么?

热车时冷却液的压力大，打开盖子时冷却液会喷出来，容易烫伤人。

加注冷却液时，冷却液一般是加注在散热器中的，由于气压等原因，冷却液不能快速进入发动机，当发动机温度升高时，节温器打开后形成大循环，此时散热器内的冷却液被带入发动机，从而使冷却液的液面高度下降。

5. 冷却系统泄漏检查

现在大多数发动机都采用封闭式冷却系统，冷却液温度升高后，会使系统内的压力升高，可能造成冷却系统泄漏。在进行汽车维修时，若对冷却系统进行泄漏检查，需先加压，加压工具为专用压力测试器，测试步骤如下。

（1）准备专用工具：汽车冷却系统压力测试工具箱，如图 1–2–5 所示。

（2）汽车熄火冷却后，拆下散热器盖。

（3）在工具箱内选择合适的万用接头，安装在原散热器盖的位置。

（4）施加压力至规定压力值，停止加压，观察检漏仪压力表上数值的变化（图 1–2–6）。

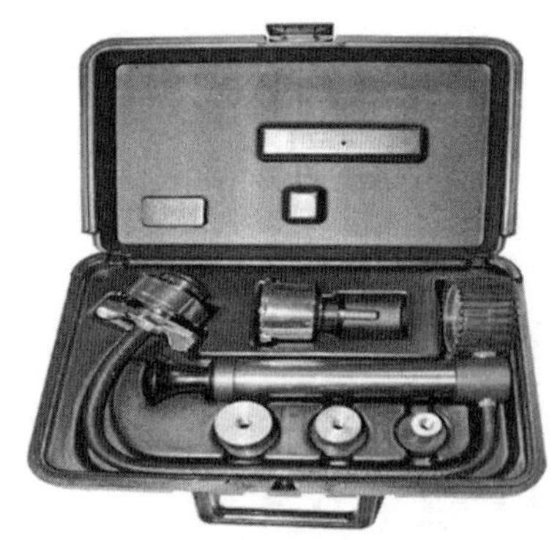

图 1–2–5　汽车冷却系统压力测试工具箱

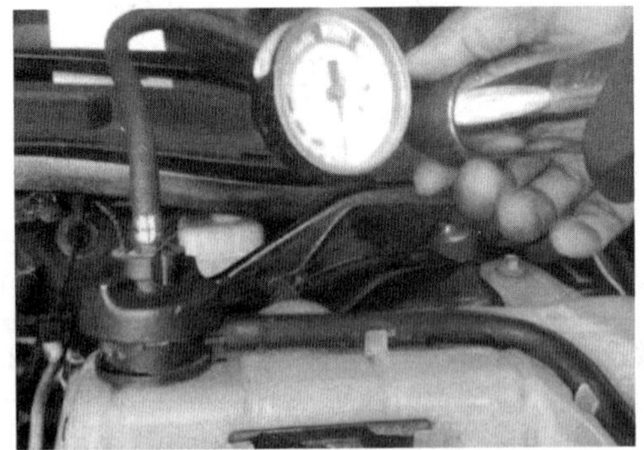

图 1–2–6　测量压力值

查阅资料，回答下列问题。

（1）对冷却系统加压的规定压力为 118 ~ 157 kPa。

（2）停止对冷却系统加压后，如何判断冷却系统是否泄漏?

1）检查压力表上的压力数值是否变小。

2）由于冷却液通常加有燃料着色，外部渗漏部位较为明显，应着重检查各管接口、节温器、冷却液膨胀箱、水泵连接处、散热器及散热器盖等部位是否有冷却液渗漏的迹象。

（3）如何对散热器盖进行压力测试检查?

1）向散热器盖密封件处添加发动机冷却液。

2）将散热器盖测试仪水平倾斜 30° 以上，进行压力测试。

3）抽吸散热器盖测试仪若干次，并检查最大压力。

注意，抽吸速度为每秒抽吸 1 次。如果最大压力值低于最小标准值，则更换散热器盖分总成。

五、学习过程评价

学习过程评价见表 1–2–5。

表 1–2–5　　学习过程评价表

<table>
<tr><td>班级</td><td></td><td>姓名</td><td></td><td>学号</td><td></td><td>日期</td><td>年　月　日</td></tr>
<tr><td>序号</td><td colspan="5">评价要点</td><td>配分 / 分</td><td>得分</td><td>总评 / 分</td></tr>
<tr><td>1</td><td colspan="4">能正确识读和填写工作页，明确学习活动的要求</td><td>10</td><td></td><td rowspan="8">A □（86 ~ 100）
B □（76 ~ 85）
C □（60 ~ 75）
D □（60 以下）</td></tr>
<tr><td>2</td><td colspan="4">能描述冷却液的组成、特性及选用要求</td><td>10</td><td></td></tr>
<tr><td>3</td><td colspan="4">能描述冰点测试仪的作用，正确使用冰点测试仪</td><td>10</td><td></td></tr>
<tr><td>4</td><td colspan="4">能查阅资料，分析冷却液变质的原因，明确冷却液失效的检修内容和检修方法</td><td>15</td><td></td></tr>
<tr><td>5</td><td colspan="4">能规范地完成冷却液的检查与更换</td><td>25</td><td></td></tr>
<tr><td>6</td><td colspan="4">能遵守劳动纪律，以积极的态度接受工作任务</td><td>10</td><td></td></tr>
<tr><td>7</td><td colspan="4">能积极参与小组讨论，发挥团队合作精神</td><td>10</td><td></td></tr>
<tr><td>8</td><td colspan="4">能及时完成教师布置的任务</td><td>10</td><td></td></tr>
<tr><td colspan="5">总　分</td><td>100</td><td></td><td></td></tr>
<tr><td>小结
建议</td><td colspan="7"></td></tr>
</table>

学习活动 3　节温器的检查与更换

学习目标

1. 能描述节温器的作用、分类、结构和工作原理。

2. 能分析节温器不工作的原因，明确节温器故障的检修内容和检修方法。

3. 能规范地完成节温器的检查与更换。

建议学时：2 学时。

学习过程

一、节温器的作用和分类

1. 根据节温器工作循环示意图（图 1–3–1），简述节温器的作用。

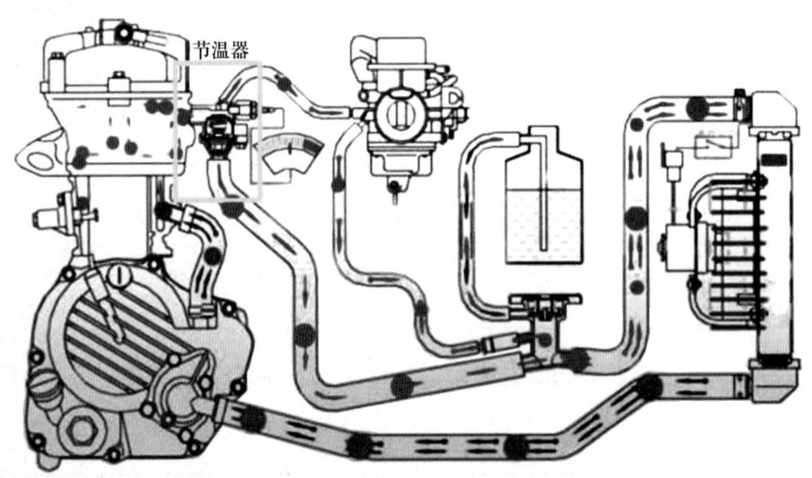

图 1–3–1　节温器工作循环示意图

节温器的作用是根据发动机不同的工况和使用条件，改变冷却液的循环流动路线，以改变冷却系统的散热能力（即改变冷却强度），从而保证发动机在最有利的温度状态下工作。

2. 简述节温器的分类。

节温器主要分为蜡式节温器和电子节温器两类，通常现代汽车上使用的是蜡式节温器，也有部分车型采用电子节温器。

二、节温器的结构和工作原理

1. 简述节温器的结构。（提示：以某一类型的节温器为例，下同）

蜡式节温器：主要由主阀、副阀、支架、弹簧、感应体、导杆、橡胶管等组成。感应体是由感应体壳和盖组成的刚性密封空间。在此空间插入下端制成锥体的导杆，导杆上端与主阀相连，下端套有橡胶管，橡胶管与感应体壳形成的环形空间填满低熔点的白蜡和石蜡或铝粉和石蜡的混合剂。

2. 简述节温器的工作原理。

当出水温度低于 80 ℃时，主阀关闭，副阀全开，冷却液不经散热器，直接回水泵进行小循环。当出水温度高于 84 ℃时，石蜡混合剂开始熔化，体积膨胀，挤压橡胶管并在导杆锥体上产生轴向分力，迫使导杆压缩弹簧上移，主阀开启，关小副阀。随着出水温度不断升高，主阀逐渐开大，副阀逐渐关小。此时既有大循环又有小循环。当出水温度达到 95 ℃时，主阀全开，副阀全关，冷却液进行大循环。

三、制订检修方案

1. 查阅资料，回答下列问题。

（1）造成节温器不工作的原因有哪些?

1）冷却液杂质过多，腐蚀或堵塞节温器。

2）汽车在缺少冷却液的情况下行驶，造成冷却液温度过高，使节温器变形，从而不起作用。

（2）节温器出现故障时，应主要从哪些方面对其进行检查？采用什么检修方法?

节温器出现故障时，应主要检测其阀门是否有卡滞或关闭不严等。

可用热水检测法判断阀门工作情况。此外，还可结合散热器上水管温升情况、冷却液状态等判断节温器是否损坏。

2. 根据具体工作内容，明确小组成员分工，填写表 1–3–1。

表 1–3–1　　小组成员分工

姓名	分工

3. 根据要求列出维修所需主要工具及材料清单，填写表 1–3–2。

表 1–3–2　　维修所需主要工具及材料清单

序号	工具及材料名称	单位	数量	备注

4. 根据小组分工情况及客户要求，制订具体的维修工序，填写表 1–3–3。

表 1–3–3　　维修工序安排

序号	维修工序内容	备注

四、检查与更换节温器

1. 就车检查节温器

按以下方法进行节温器的就车检查。

（1）发动机启动后，待冷却液温度表指针读数达到规定值时，用手触摸散热器的上水管，若上水管温度迅速上升，说明节温器工作正常，否则说明节温器有故障。

（2）打开散热器盖，加大节气门，若观察到散热器上水室中的冷却液有翻腾现象，说明节温器工作正常，否则说明节温器有故障。

拓展训练

将节温器拆下检查

如图 1-3-2 所示，检查时将节温器放在水中逐渐加热，当水温高于一定数值时，节温器主阀门应打开，副阀门应逐渐关闭；当水温超过设定值时，节温器主阀门应全开，全开升程应不小于 8 mm（新节温器全开升程为 9 mm）。若不符合上述要求，说明节温器有故障，必须予以更换。

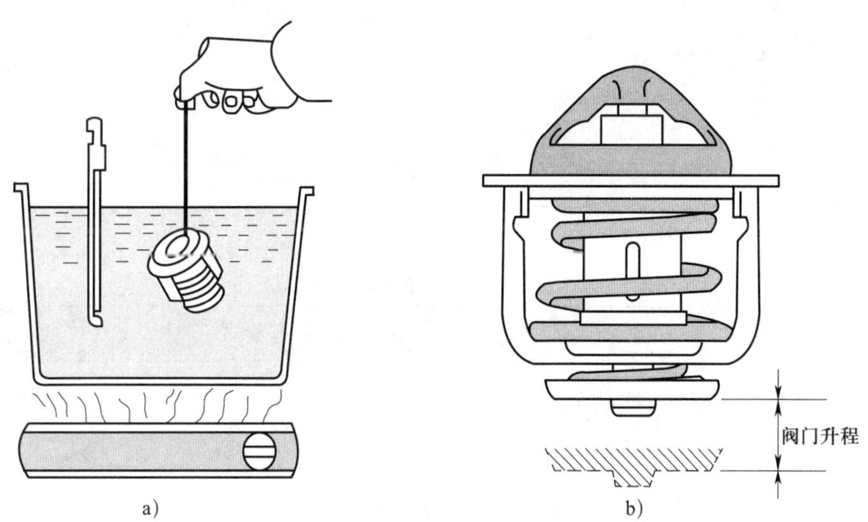

图 1-3-2　将节温器拆下检查

a）加热节温器　b）阀门升程

1. 节温器阀门开启温度一般为<u> 80 </u>℃。

2. 验证教学用车节温器属于哪一类型，其工作是否正常。

2. 更换节温器

根据节温器位置图（图 1–3–3）和表 1–3–4 的操作规范，完成节温器的更换。

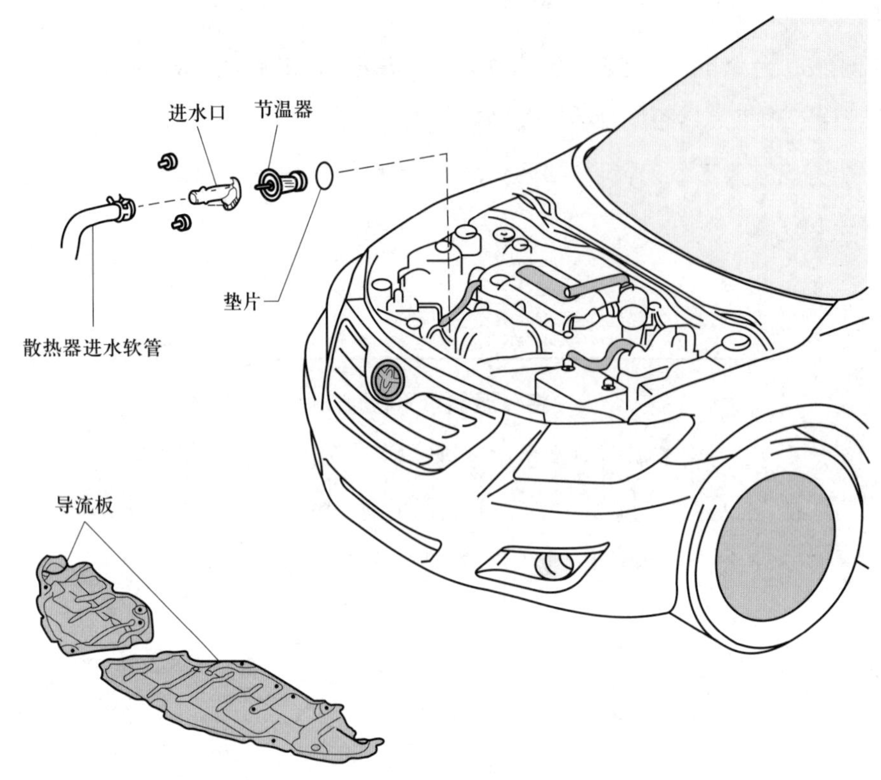

图 1–3–3 节温器位置图

表 1–3–4 更换节温器

序号	操作图示	作业要领	完成情况
1	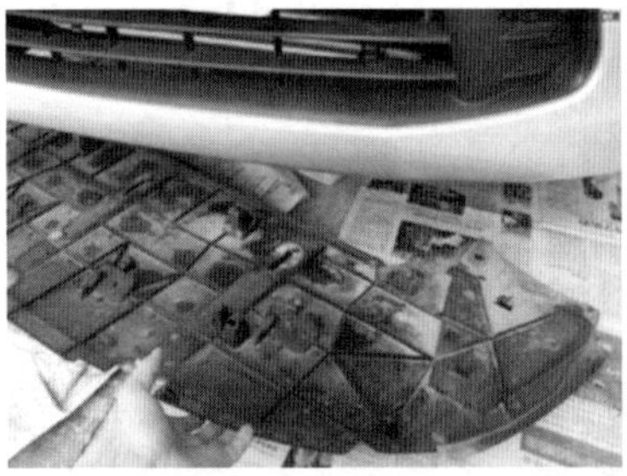	拆下导流板，部分车辆还安装有发动机护板，应依次将其拆下	完 成□ 未完成□
2	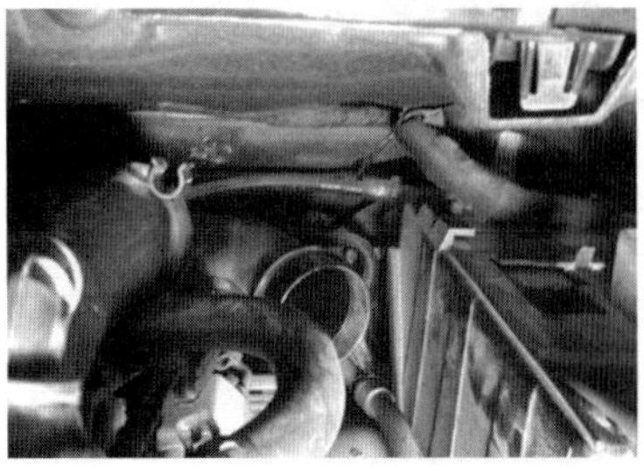	发动机冷却后排出冷却液，并用容器接住。另外也可用专业的设备抽取冷却液，注意不要将冷却液溅到传动带上	完 成□ 未完成□

续表

序号	操作图示	作业要领	完成情况
3		断开散热器进水软管，注意不要损坏接口	完　成□ 未完成□
4		拆卸与安装节温器。在拆卸时应注意做好清洁；在安装时应检查节温器以及垫片，并根据维修手册力矩要求拧紧节温器盖的固定螺栓。规定力矩：9 N·m	完　成□ 未完成□
5		安装散热器进水软管。在安装时应除去软管内壁和连接头上的异物，卡箍的位置应和拆卸前一样	完　成□ 未完成□
6		添加发动机冷却液。加注流程应符合相应教学用车维修手册的要求	完　成□ 未完成□

续表

序号	操作图示	作业要领	完成情况
7		检查冷却液是否泄漏。根据要求正确使用检漏仪，在检查过程中应重点检查各拆装处的密封性	完　成□ 未完成□
8		安装导流板，按要求装上发动机护板，并检查护板有无松动的情况	完　成□ 未完成□

（1）在安装散热器进水软管时，为什么卡箍的安装位置要和拆卸前一样?

为了防止散热器进水软管因密封不严发生泄漏，每次将其拆卸、装回时都要恢复到之前的状态。

（2）更换节温器时，为什么要同时更换冷却液?

因为在更换节温器时，难免会洒漏一些冷却液，这时需要补充冷却液。如果不知道原车使用的是什么品牌及型号的冷却液，则需要全部更换，因为不同品牌及型号的冷却液其添加剂有所不同，不能混合使用。

（3）更换节温器后，水温高的故障现象是否排除?记录更换过程中遇到的问题。

五、学习过程评价

学习过程评价见表 1-3-5。

表 1-3-5　　学习过程评价表

班级		姓名		学号		日期	年　月　日
序号	评价要点				配分 / 分	得分	总评 / 分
1	能正确识读和填写工作页，明确学习活动的要求				10		A □（86 ~ 100） B □（76 ~ 85） C □（60 ~ 75） D □（60 以下）
2	能描述节温器的作用、分类、结构和工作原理				10		
3	能查阅资料，分析节温器不工作的原因，明确节温器故障的检修内容和检修方法				15		
4	能规范地完成节温器的检查				10		
5	能规范地完成节温器的更换				25		
6	能遵守劳动纪律，以积极的态度接受工作任务				10		
7	能积极参与小组讨论，发挥团队合作精神				10		
8	能及时完成教师布置的任务				10		
总　分					100		
小结建议							

学习活动 4　水泵的检查与更换

学习目标

1. 能描述水泵的作用、分类、结构和工作原理。

2. 能分析水泵工作异常的原因，明确水泵故障的检修内容和检修方法。

3. 能规范地完成水泵的检查与更换。

建议学时：2 学时。

学习过程

一、水泵的作用和分类

在汽车发动机的缸体里有多条供冷却液循环的管道，它们构成一个大的水路循环系统（图 1–4–1）。水泵安装在发动机的上出水口，通过发动机传动带带动其工作。

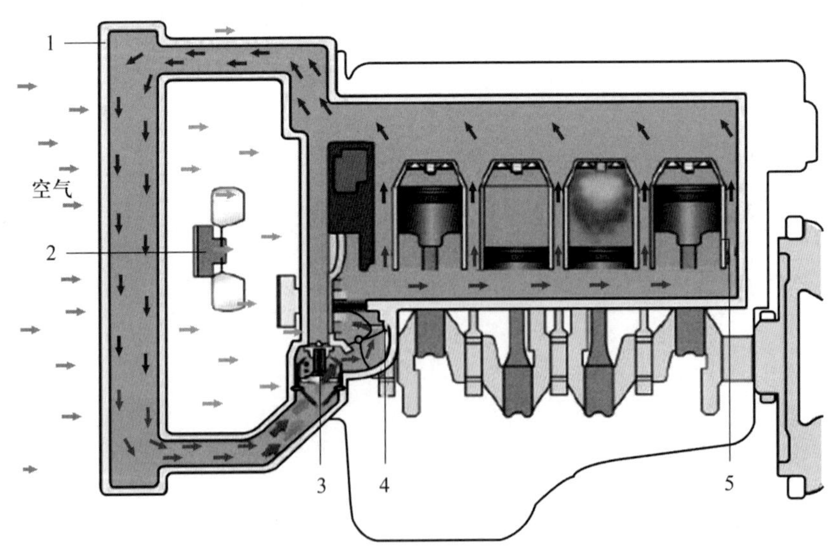

图 1–4–1　水路循环系统

1—散热器　2—冷却风扇　3—节温器　4—水泵　5—水套

1. 简述水泵的作用。

水泵的作用是对冷却液加压，加速冷却液的循环流动，保证冷却可靠。

2. 简述水泵的常见类型及其优缺点。

水泵可分为机械水泵和电动水泵，电动水泵又分为无刷电动水泵和有刷电动水泵。车用发动机上多采用机械离心式水泵，机械离心式水泵具有结构简单、尺寸小、排水量大、维修方便等优点；直流无刷水泵的动力是直流无刷电动机，直流无刷电动机既具有交流电动机的结构简单、运行可靠、维护方便等一系列优点，又具备直流电动机的运行效率高、无励磁损耗以及调速性能好等诸多优点，但同时也有价格高、对控制器要求高、易形成共振等缺点。

二、水泵的结构和工作原理

1. 简述水泵的结构。

水泵是汽车的主要组成部分，汽车发动机广泛采用离心式水泵。离心式水泵由壳体、叶轮、水泵轴、支承轴承、水封、连接盘或带轮等构成。

2. 简述水泵的工作原理。

发动机通过带轮带动水泵轴承及叶轮转动，水泵中的冷却液被叶轮带动一起旋转，在离心力的作用下被甩向水泵壳体的边缘，同时产生一定的压力，从出水道或水管流出。叶轮的中心处由于冷却液被甩出而压力降低，散热器中的冷却液在水泵进水口与叶轮中心压力差的作用下经水管被吸入叶轮中，实现冷却液的往复循环。

三、制订检修方案

1. 查阅资料，回答下列问题。

（1）造成水泵工作异常的原因有哪些?

1）水泵密封圈老化。

2）发动机传动带太紧。

3）冷却液长时间不更换。

4）水泵到了使用周期未更换。

（2）水泵出现故障时，应主要从哪些方面对其进行检查？采用什么检修方法？

水泵出现故障时，应主要检查其有无损坏、泄漏，水泵叶轮是否打滑，轴承有无异响。

具体检修方法如下。

目视检查水泵是否泄漏；转动带轮，检查水泵轴承转动是否平稳且无“咔嗒”声。此外，还可结合冷却系统其他组成部件检查水泵是否损坏、水泵叶轮是否打滑。

2. 根据具体工作内容，明确小组成员分工，填写表 1–4–1。

表 1–4–1　　小组成员分工

姓名	分工

3. 根据要求列出维修所需主要工具及材料清单，填写表 1–4–2。

表 1–4–2　　维修所需主要工具及材料清单

序号	工具及材料名称	单位	数量	备注

4. 根据小组分工情况及客户要求，制订具体的维修工序，填写表 1-4-3。

表 1-4-3　维修工序安排

序号	维修工序内容	备注

四、检查与更换水泵

1. 检查水泵

水泵是发动机冷却系统的动力源，其工作正常，可保证发动机温度在正常的范围内，保证内部机件良好的润滑；水泵一旦损坏，发动机温度就会迅速上升，冷却系统失灵，报警灯亮，并伴有"开锅"等现象。如果发现得晚，且没有采取适当的措施，就会因冷却不良而造成拉缸等故障现象，所以必须在发现冷却液温度过高、报警灯亮、"开锅"等现象时，尽快停车检查故障根源，必要时求助维修站解决。

（1）结合冷却系统其他组成部件检查水泵

在发现冷却液温度过高时，如果散热器中的冷却液足够，而发动机上、下水管的温度都很低，冷却液温度却迅速上升，说明水泵已完全损坏，失去泵水能力，叶轮松脱；如果上、下水管都是热的，冷却风扇正常运转，冷却液膨胀箱畅通，节温器能正常打开，但冷却液温度上升得很快，可以判断水泵叶轮已在转轴上打滑。叶轮打滑会使水泵泵水能力下降，水循环能力下降，其散热效果就会大大降低，这时需要更换新的水泵。

（2）检查水泵有无漏水、轴承异响等现象

发现水泵有漏水、轴承异响等现象时，应及时更换新的水泵。图 1-4-2 所示为对水泵进行检查。

图 1-4-2　对水泵进行检查

通过实践和查阅资料，回答下列问题。

（1）检查水泵时应注意哪些问题？

1）检查水泵壳体上应无渗漏痕迹。

2）拆下驱动水泵的传动带，摇晃水泵传动带轮应无明显的松旷。

3）旋转水泵传动带轮，水泵轴承应运转平稳且无噪声。

（2）汽车冷却液温度多少为正常？柴油发动机和汽油发动机的冷却液温度有何区别？

1）汽油发动机冷却液温度一般为 85~105 ℃，柴油发动机冷却液温度一般为 75~95 ℃，带有涡轮增压的发动机工作温度要比自吸发动机温度高。

2）柴油发动机采用压燃方式着火，汽油发动机采用火花塞点火，所以在压缩行程终了柴油发动机的温度高于汽油发动机的温度。汽油发动机冷却液温度在 95 ℃左右有较高的经济性，在 85 ℃左右有较高的动力性（不同冷却液温度下燃油蒸发量与发动机内部阻力不同），理论上汽油发动机冷却液温度可达到 120 ℃；柴油发动机由于采用压燃式着火方式，因此柴油发动机热负荷较大，柴油发动机和汽油发动机的工作温度范围是不同的。

2. 更换水泵

（1）拆卸水泵

根据表 1–4–4 的操作规范，完成水泵的拆卸。

表 1–4–4　　拆卸水泵

序号	操作图示	作业要领	完成情况
1		拆下正时传动带。在拆卸时注意正时传动带的箭头方向	完　成□ 未完成□
2		排出发动机冷却液。详细步骤参考学习活动 2 更换冷却液部分	完　成□ 未完成□

续表

序号	操作图示	作业要领	完成情况
3		拆下水泵连接盘，并拧下水泵上的螺栓	完 成□ 未完成□
4		取下水泵总成	完 成□ 未完成□

在拆卸水泵时有哪些注意事项?

1）应排净冷却液。

2）拆除正时传动带时，应固定好发动机的运动部件。

3）在拆除水泵软管和水泵时，注意不要将残留的冷却液溅到眼睛里。

（2）安装水泵

除发现水泵故障时需对其进行更换外，在更换正时传动带时，必须仔细检查水泵的工作情况，看其是否有松旷、泄漏等现象，如果发现异常，也应及时对其进行更换。因水泵的驱动轮与正时传动带啮合，可能出现水泵卡死的故障，导致正时错乱，使气门、气缸盖、活塞等部件损坏，而且多数是在更换正时传动带后不久出现的故障，所以建议连同水泵一起更换（图 1–4–3）。

图 1–4–3 更换水泵和正时传动带

注意：一般情况下，安装发动机水泵时需要涂抹密封胶，并应防止多余的密封胶进入冷却系统中。部分发动机水泵不需要涂抹密封胶，在更换时应查阅维修资料。

1）简述安装水泵的操作步骤，并写出相关注意事项。

①清除水泵与发动机机体接触表面的所有密封材料残留物。

②涂抹密封材料，并安装水泵部件。

③按照维修手册要求的力矩拧紧相关部件。

注意：

①应清除接触表面所有的润滑油。

②必须在施涂密封材料 3 min 之内安装这些部件，否则应将已涂抹的密封材料清除并重新涂抹。

2）检查水泵的安装情况、有无泄漏以及检修后的运转情况，并记录遇到的问题。

五、学习过程评价

学习过程评价见表 1-4-5。

表 1-4-5　　学习过程评价表

班级		姓名		学号		日期	年　月　日
序号	评价要点				配分 / 分	得分	总评 / 分
1	能正确识读和填写工作页，明确学习活动的要求				10		A □（86 ~ 100） B □（76 ~ 85） C □（60 ~ 75） D □（60 以下）
2	能描述水泵的作用、分类、结构和工作原理				20		
3	能查阅资料，分析水泵工作异常的原因，明确水泵故障的检修内容和检修方法				10		
4	能规范地完成水泵的检查				15		
5	能规范地完成水泵的更换				15		
6	能遵守劳动纪律，以积极的态度接受工作任务				10		
7	能积极参与小组讨论，发挥团队合作精神				10		
8	能及时完成教师布置的任务				10		
总　分					100		
小结建议							

学习活动 5　冷却风扇的检查与更换

学习目标

1. 能描述冷却风扇的分类、作用和工作原理。

2. 能分析冷却风扇工作异常的原因，明确冷却风扇故障的检修内容和检修方法。

3. 能规范地完成冷却风扇的检查与更换。

建议学时：2 学时。

学习过程

一、冷却风扇的分类、作用和工作原理

冷却风扇安装在散热器的后面，当冷却风扇旋转时对空气产生吸力，以使之沿轴向流动，加速冷却液的冷却。为了提高冷却风扇的效率，冷却风扇外围装设有导风罩，使通过散热器芯的气流分布均匀，且集中穿过冷却风扇，以减少空气回流现象。图 1–5–1 所示为发动机冷却风扇。

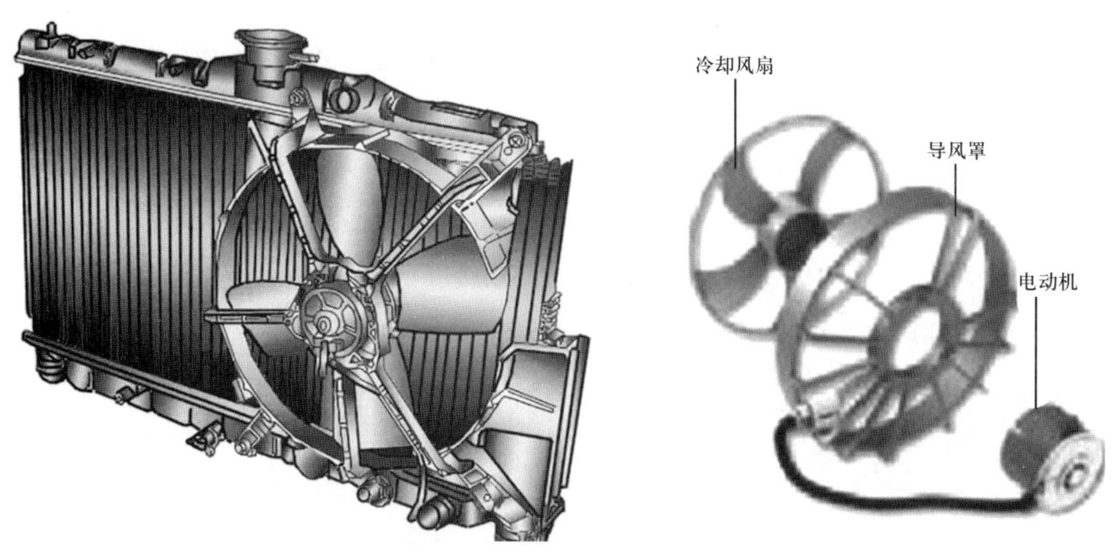

图 1–5–1　发动机冷却风扇

冷却风扇按驱动方式可分为机械传动式、硅油离合器式和电动式冷却风扇，查阅资料，简述它们之间的区别。

机械传动式冷却风扇结构简单、性能可靠，但噪声大，风扇能耗大（一般占发动机有效功率的 10% 左右）；硅油离合器式冷却风扇可使发动机经常在适宜的温度下工作，而且可以减小驱动风扇所需的功率，降低风扇噪声；电动式冷却风扇可提高燃油经济性，实现无级变速、智能温控，且其噪声小。

1. 机械传动式冷却风扇

机械传动式冷却风扇（图 1–5–2）安装于发动机前端，这种类型冷却风扇的直径和转速是按照发动机的最大热负荷工况来设计的，通过散热器芯的风量决定了整机的散热能力。因此，一旦冷却风扇设计选型确定（按极端工况选型），就能满足发动机在极端工况下的热平衡，但在常用工况下，冷却装置的散热能力偏大，将引起过度冷却。

图 1–5–2 机械传动式冷却风扇

（1）简述机械传动式冷却风扇的作用及组成。

1）作用：当冷却风扇旋转时吸进空气，使冷空气通过散热器，以增强散热器的散热能力，加速冷却液的冷却。

2）组成：风扇叶片、传动带、传动带轮等。

（2）简述机械传动式冷却风扇的工作原理。

机械传动式冷却风扇由发动机通过传动带及传动带轮直接驱动，风扇传动带用来将发动机曲轴旋转的动力传递给风扇带轮，风扇的工况由发动机决定。

2. 硅油离合器式冷却风扇

硅油离合器（图 1-5-3）安装在风扇与水泵之间，是一种以硅油为介质，利用硅油的高黏度特性来传递转矩的装置。近年来，电子控制硅油离合器的控制模块可以直接读取发动机的实时温度信号，由硅油离合器内部的比例电磁阀根据发动机各部分温度传感器提供的实时温度信号来控制冷却风扇的转速，从而实现更加精确、迅速的调节控制。

图 1-5-3　硅油离合器

（1）简述硅油离合器式冷却风扇的作用及组成。

1）作用：同机械传动式冷却风扇。

2）组成：双金属感温器、感温阀片、从动盘、主动轴、主动盘、前盖、壳体、风扇叶片等。

（2）简述硅油离合器式冷却风扇的工作原理。

发动机温度低时，离合器处于分离状态，风扇叶片随壳体在主动轴上空转，转速极低；当发动机温度升高后，离合器接合，硅油带动壳体和风扇叶片一起转动，使风扇转速迅速升高。

3. 电动式冷却风扇

电动式冷却风扇（图 1-5-4）以蓄电池为动力，其转速与发动机转速无关。电动式冷却风扇电动机的开关由位于散热器处的温度传感器控制，即使发动机已熄火，电动式冷却风扇仍可以转动。

现代轿车一般采用电动式冷却风扇，有些轿车上采用双电动式冷却风扇，双电动式冷却风扇具有噪声小、功率小、冷却效果好等优点，但结构复杂、成本高。

图 1–5–4　电动式冷却风扇

（1）简述电动式冷却风扇的作用及组成。

1）作用：同机械传动式冷却风扇。

2）组成：风扇叶片、风扇电动机、风扇 IC 等。

（2）简述电动式冷却风扇的工作原理。

这类风扇由自身的风扇电动机带动。风扇电动机的开关由安装在散热器下水室处的温度传感器（温控开关）控制。当散热器冷却液温度在 90 ℃以上时，温控开关接通风扇电动机电路，使风扇旋转，以加速散热器降温；当散热器冷却液温度下降至 80 ℃以下时，温控开关断开，风扇电动机电路断路，风扇停止转动。

二、制订检修方案

1. 查阅资料，回答下列问题。

（1）造成冷却风扇工作异常的原因有哪些?

1）如果风扇由发动机直接驱动，一般是发动机冷却风扇叶片和发动机曲轴连接处出现问题。

2）如果风扇一直转动，一般是电动式冷却风扇故障，机械传动式冷却风扇不会出现此类问题。

3）如果发现风扇的噪声比平时要大，那么很可能是风扇动平衡出现问题。

4）机械传动式冷却风扇如果转速过低，一般是传动带松紧度偏松，导致传动带轮转速降低。

5）冷却风扇长时间使用未更换。发动机冷却风扇的使用寿命是固定的，如果经常出现各种故障，其使用寿命就会受到影响，应及时更换。

（2）冷却风扇出现故障时，应主要从哪些方面对其进行检查？采用什么检修方法?

冷却风扇出现故障时，应主要对冷却风扇本身及其控制线路进行检查。

具体检修方法如下。

用解码器读取故障码，然后用数字万用表对其线路进行检查，对损坏严重的部位可以直接进行更换。

2. 根据具体工作内容，明确小组成员分工，填写表 1–5–1。

表 1–5–1　小组成员分工

姓名	分工

3. 根据要求列出维修所需主要工具及材料清单，填写表 1–5–2。

表 1–5–2　维修所需主要工具及材料清单

序号	工具及材料名称	单位	数量	备注

4. 根据小组分工情况及客户要求，制订具体的维修工序，填写表 1–5–3。

表 1–5–3　维修工序安排

序号	维修工序内容	备注

三、检查与更换冷却风扇

1. 检查冷却风扇在低温下的工作情况

（1）将点火开关置于“ON”位置，检查冷却风扇是否转动。如果冷却风扇没有转动，则检查冷却风扇继电器、熔丝和发动机冷却液温度传感器是否损坏，并检查它们之间是否存在断路。

（2）断开发动机冷却液温度传感器连接器，检查冷却风扇是否转动。如果冷却风扇没有转动，则检查ECU 及其线路、冷却风扇是否损坏。

通过实践和查阅资料，回答下列问题。

（1）多少摄氏度以下称为低温？不同温度下发动机的运行参数是否有变化？

汽车发动机的正常使用温度一般为 80~90 ℃，有些高强化的发动机工作温度可以达到 95~105 ℃，所以不同发动机的低温状态标准有所不同，可根据相关维修手册进行查询。

发动机在正常温度下运行，各部位的配合间隙正好在设计的范围内，燃料在燃烧室内的燃烧状态最好，发动机的热效率和各方面的性能都处于最佳状态。如果低于这个温度，称为发动机过冷；高于这个温度，称为发动机过热。无论是过冷还是过热，对发动机的使用寿命都是有很大影响的。

（2）拔出发动机冷却液温度传感器，冷却风扇还会工作吗？试分析原因。

拔掉发动机冷却液温度传感器，冷却风扇立刻转动，且不会停止。

大多数车型的冷却风扇是受 ECU 控制的，如果冷却液温度传感器损坏或拔掉 ECU，此时缺少传感器提供的电信号，为避免发动机高温，冷却风扇进入常转的状态（部分车型不受 ECU 控制的冷却风扇除外）。

2. 检查冷却风扇在高温下的工作情况

（1）启动发动机，使发动机运转至正常工作温度。

（2）检查并确认空调开关关闭。

（3）检查冷却风扇是否转动。如果冷却风扇没有转动，则检查发动机冷却液温度传感器、冷却风扇、线束和连接器。

查阅资料，分析冷却风扇在高温下有哪几种工作状态。

冷却风扇在高温下一般有高速、中速、低速等工作状态，可根据发动机温度自行调整。

拓展训练

测试冷却风扇

测试冷却风扇可以使用故障诊断仪的元件测试功能来完成，如图 1–5–5 所示。

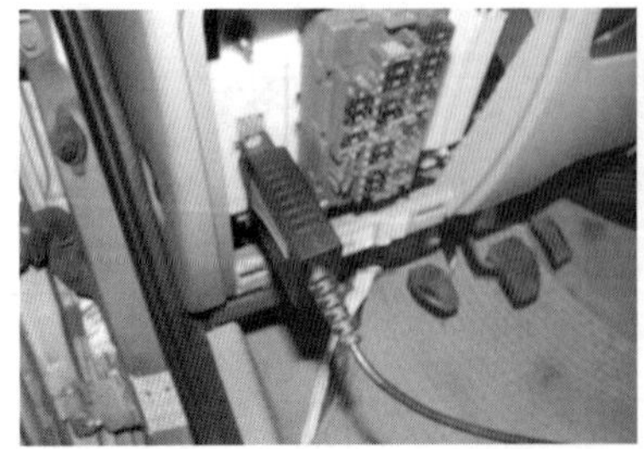

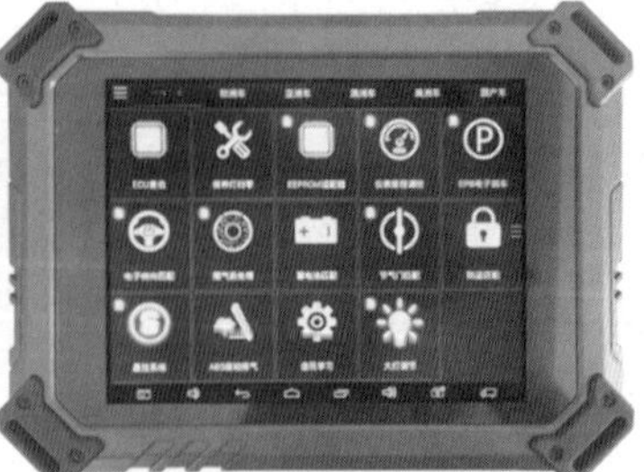

图 1–5–5　测试冷却风扇

1．接入故障诊断仪。

2．将点火开关置于“ON”位置。

3．进入相应的菜单项。

4．使用故障诊断仪操作冷却风扇。

5．观察冷却风扇是否转动。若冷却风扇转动，则检查下一个可疑部位；若冷却风扇不转动，则检查冷却风扇电路。

3．更换冷却风扇

根据表 1–5–4 的操作规范，完成冷却风扇的更换。

表 1–5–4　　更换冷却风扇

序号	操作图示	作业要领	完成情况
1		拆下发动机进气管（仅拆空气滤清器前端的即可），注意操作前应断开蓄电池负极接线，且不要损坏卡扣件	完　成□ 未完成□
2		拆下前保险杠上端的护块，部分车型还需要拆下前照灯或前保险杠	完　成□ 未完成□
3		断开冷却风扇电动机上的线束接头，并将线束移到一边，注意不要损坏连接器，以防止内部防水圈脱落	完　成□ 未完成□
4		拆下冷却风扇上的固定螺栓，并卸下冷却风扇	完　成□ 未完成□

续表

序号	操作图示	作业要领	完成情况
5		将新的冷却风扇正确安装在风扇架上。全部安装完成后，把冷却风扇和风扇架整体正确复位	完　成□ 未完成□
6		根据维修手册力矩要求拧紧冷却风扇四个角的螺栓并连接好插接线。规定力矩：______N · m（查阅相关维修手册）	完　成□ 未完成□
7		启动发动机，测试冷却风扇能否正常工作	完　成□ 未完成□
8		检查无误后，再将进气管以及前保险杠护块等部件安装到正确的位置	完　成□ 未完成□

安装好冷却风扇后，还需对其哪些项目进行检测？

安装好冷却风扇后，主要检查其运转情况。注意观察冷却风扇旋转时冷却液的温度。正常情况下，一部分车型发动机冷却液温度在 95 ℃左右时冷却风扇开始低速旋转，在 105 ℃左右时冷却风扇开始高速旋转。另一部分车型的发动机冷却液温度在 106 ℃左右时冷却风扇开始低速旋转，在 110 ℃左右时冷却风扇开始高速旋转。如果冷却风扇的运转情况不正常，应进一步查找具体原因。

四、学习过程评价

学习过程评价见表 1–5–5。

表 1-5-5　　学习过程评价表

班级		姓名		学号		日期	年　月　日
序号	评价要点				配分 / 分	得分	总评 / 分
1	能正确识读和填写工作页，明确学习活动的要求				10		A □（86 ~ 100） B □（76 ~ 85） C □（60 ~ 75） D □（60 以下）
2	能描述冷却风扇的分类、作用和工作原理				20		
3	能查阅资料，分析冷却风扇工作异常的原因，明确冷却风扇故障的检修内容和检修方法				10		
4	能规范地完成冷却风扇的检查				15		
5	能规范地完成冷却风扇的更换				15		
6	能遵守劳动纪律，以积极的态度接受工作任务				10		
7	能积极参与小组讨论，发挥团队合作精神				10		
8	能及时完成教师布置的任务				10		
总　分					100		
小结建议							

学习活动 6　散热器的检查与更换

学习目标

1. 能描述散热器的作用、结构和工作原理。

2. 能分析散热器散热不良的原因，明确散热器故障的检修内容和检修方法。

3. 能规范地完成散热器的检查与更换。

建议学时：2 学时。

学习过程

一、散热器的作用、结构和工作原理

图 1–6–1 所示为散热器与发动机的连接。

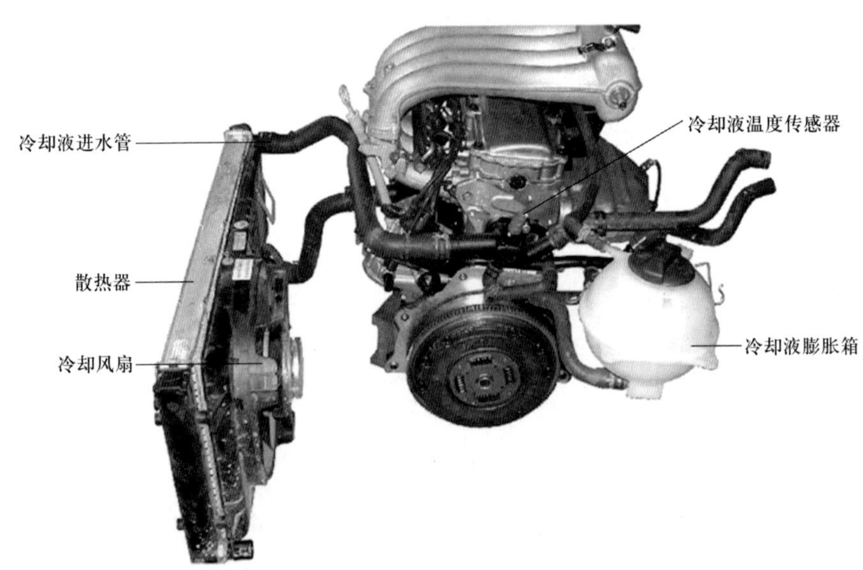

图 1–6–1　散热器与发动机的连接

1. 简述散热器的作用。

散热器的主要作用是将水套出来的热水自上而下或横向地分为许多小股并将其热量散给周围的空气。

2. 简述散热器的结构特点和工作原理。

散热器负责循环水的冷却，它的水管和散热片多用铝材制成，铝制水管做成扁平形状，散热片呈波纹状，安装方向垂直于空气流动的方向，尽量做到风阻小、冷却效率高。

冷却液在散热器芯内流动，空气在散热器芯外通过。热的冷却液由于向空气散热而变冷，冷空气则因吸收冷却液散出的热量而升温，所以散热器是一个热交换器。

二、制订检修方案

1. 查阅资料，回答下列问题。

（1）造成散热器散热不良的原因有哪些?

1）冷却液失效产生水垢造成散热器堵塞。

2）散热器受到严重挤压变形。

3）散热器发生泄漏。

（2）散热器出现故障时，应主要从哪些方面对其进行检查？采用什么检修方法?

散热器出现故障时，应主要检查其是否堵塞、泄漏及有无挤压变形。

具体检修方法如下。

1）散热器堵塞是很常见的现象，为减少堵塞的发生，散热器中应注入软水（硬水需软化后再注入），以免产生水垢。冬季天气寒冷，水易结冰，使散热器膨胀损坏，所以应加入防冻剂，避免水结冰。在日常使用中应随时检查冷却液液位，要停机降温后再加注冷却液。在检修中如发现水垢过多，一般应采取清洗的方法。

2）当散热器发生较为严重的变形时一般应更换。

3）当散热器发生泄漏时，可用压力测试法查找泄漏部位。

2. 根据具体工作内容，明确小组成员分工，填写表 1–6–1。

表 1–6–1　小组成员分工

姓名	分工

3. 根据要求列出维修所需主要工具及材料清单，填写表 1–6–2。

表 1–6–2　维修所需主要工具及材料清单

序号	工具及材料名称	单位	数量	备注

4. 根据小组分工情况及客户要求，制订具体的维修工序，填写表 1–6–3。

表 1–6–3　维修工序安排

序号	维修工序内容	备注

三、检查与更换散热器

1. 就车检查散热器

查阅资料，简述散热器就车检查的具体内容和步骤。

1）用膨胀式橡胶塞堵住散热器进水管口和出水管口。

2）向散热器内加水至加水口下方 10~20 mm 处。

3）用专用手动打压器从加水口向散热器内部施加 0.8 kPa 的压力，5 min 内打压器压力表上的指示压力应不下降，如下降，说明散热器有泄漏。

拓展训练

将散热器拆下检查

1. 浸入水槽检查散热器

拆下散热器总成后（图 1–6–2），用膨胀式橡胶塞堵住进水管口和出水管口，从加水口向散热器内充入 30 ~ 80 kPa 的压缩空气，然后将散热器浸入水槽，若有气泡冒出，说明散热器有泄漏。

图 1–6–2　散热器总成

2. 散热器芯管堵塞检查

查阅资料，简述散热器芯管堵塞检查的具体步骤。

从加水口向散热器内加入热水，用手触试散热器芯管各处的温度，若有温度不升高的部位，说明该部位堵塞。

也可以拆下上水室，用根据芯管尺寸和断面形状制造的专用通条来检查芯管是否堵塞，一般要求所有芯管都不允许有堵塞现象，个别芯管因中部堵塞而确实无法疏通时，允许存在堵塞的芯管数不超过 2 根，否则应予以更换。

3. 散热器盖的检查

使用专用手动打压器给散热器盖加压，当打压器上的压力表读数突然下降时，说明蒸汽放出阀打开，当压力降低后蒸汽放出阀自动关闭，蒸汽放出阀的开启压力应符合规定。

2. 更换散热器

（1）根据表 1–6–4 的操作规范，完成散热器的拆卸。

表 1-6-4　　拆卸散热器

序号	操作图示	作业要领	完成情况
1	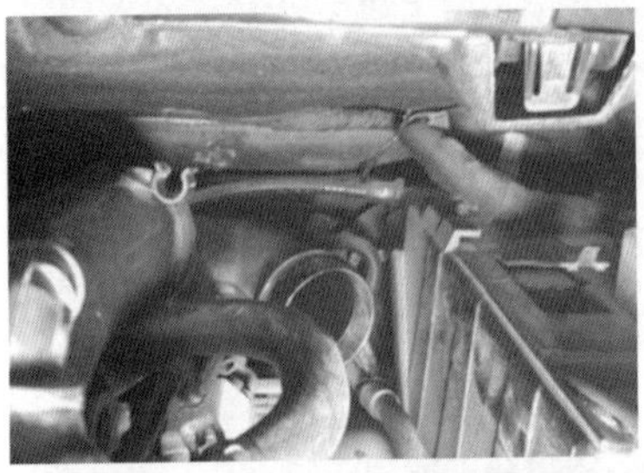	断开蓄电池负极接线，排出散热器中的冷却液，注意要在发动机冷却后执行此操作，切勿将发动机冷却液溅到传动带上	完　成□ 未完成□
2		拆下进气管及空气滤清器（进气端），部分车型还需要拆除前保险杠（保险杠的拆除方法参照相应车型的维修手册）	完　成□ 未完成□
3		断开散热器软管，注意进、出水软管要同时断开	完　成□ 未完成□
4	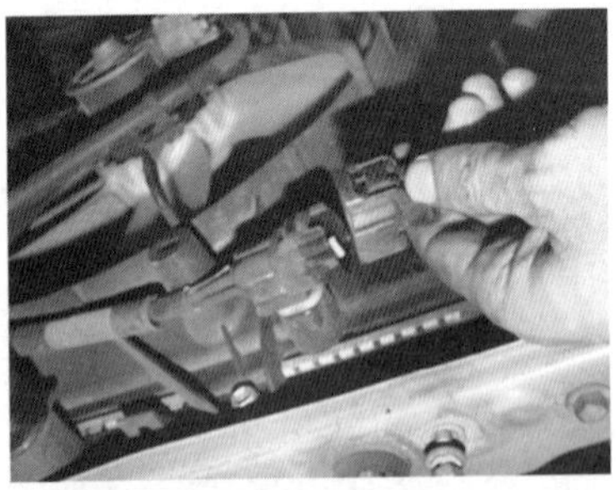	断开冷却风扇电动机上的线束接头，并将线束移到一边，注意不要损坏连接器	完　成□ 未完成□
5		拆卸散热器总成，拆卸时切勿损坏或刮伤冷凝器和散热器芯	完　成□ 未完成□

1）散热器上有上、下水两个软管，如何区分进、出水?

为了更好地起到散热作用，通常情况下把上水管作为散热器的进水口，下水管作为散热器的出水口。

2）拆下的散热器总成该如何存放？为什么要采取这样的措施?

散热器总成应保管在通风、干燥的仓库中，不得露天存放，以免淋雨受潮，也要防止损坏或刮伤散热器芯管。需要保管的散热器总成应预先烘干，在散热器总成内不允许有残留的积水和杂质。在运输散热器总成的过程中，必须小心轻放，严防磕碰。因为散热器总成属于易损件，尤其是散热器通条上安装的散热片极易损坏。

（2）按拆卸的逆序安装新的散热器。

四、学习过程评价

学习过程评价见表 1–6–5。

表 1–6–5　　学习过程评价表

<table>
<tr><td>班级</td><td></td><td>姓名</td><td></td><td>学号</td><td></td><td>日期</td><td>年　月　日</td></tr>
<tr><td>序号</td><td colspan="5">评价要点</td><td>配分 / 分</td><td>得分</td><td>总评 / 分</td></tr>
<tr><td>1</td><td colspan="5">能正确识读和填写工作页，明确学习活动的要求</td><td>10</td><td></td><td rowspan="8">A □（86 ~ 100）
B □（76 ~ 85）
C □（60 ~ 75）
D □（60 以下）</td></tr>
<tr><td>2</td><td colspan="5">能描述散热器的作用、结构和工作原理</td><td>20</td><td></td></tr>
<tr><td>3</td><td colspan="5">能查阅资料，分析散热器散热不良的原因，明确散热器故障的检修内容和检修方法</td><td>10</td><td></td></tr>
<tr><td>4</td><td colspan="5">能规范地完成散热器的检查</td><td>15</td><td></td></tr>
<tr><td>5</td><td colspan="5">能规范地完成散热器的更换</td><td>15</td><td></td></tr>
<tr><td>6</td><td colspan="5">能遵守劳动纪律，以积极的态度接受工作任务</td><td>10</td><td></td></tr>
<tr><td>7</td><td colspan="5">能积极参与小组讨论，发挥团队合作精神</td><td>10</td><td></td></tr>
<tr><td>8</td><td colspan="5">能及时完成教师布置的任务</td><td>10</td><td></td></tr>
<tr><td colspan="6">总　分</td><td>100</td><td></td><td></td></tr>
<tr><td>小结
建议</td><td colspan="8"></td></tr>
</table>

学习活动 7　工作总结与评价

1. 能以小组形式对学习过程和成果进行汇报总结。
2. 能完成对学习过程的综合评价。

建议学时：2 学时。

一、工作总结

在世界技能大赛中，要求选手具有一定的组织规划、沟通、创新等能力，这在实际的生产工作中是十分必要的。以小组为单位，选择演示文稿、展板、海报、视频等形式中的一种或几种，向全班展示、汇报学习成果。

二、综合评价

针对本任务的学习情况，根据表 1–7–1 所列综合评价标准进行评分。

表 1–7–1　综合评价标准

评价项目	评价内容及标准	配分 / 分	评分		
			自我评价	小组评价	教师评价
组织和管理	团队合作，合理计划，高效管理时间	3			
	及时检查工作进展和效果	3			
	保证高质量完成工作	4			
沟通能力	深度咨询客户，完全理解其要求	10			
	提供明确说明，准确回答客户疑问	10			
计划创新能力	及时处理工作中遇到的问题	10			
	提出创新性、可行性建议，提高客户满意度	10			

续表

评价项目	评价内容及标准	配分/分	评分		
			自我评价	小组评价	教师评价
专业知识	熟悉汽车冷却系统各零部件的作用、组成、分类、原理等理论知识	10			
	熟悉汽车发动机水温高故障检修知识	10			
实践能力	具备汽车发动机冷却液检查与更换技能	5			
	具备汽车发动机节温器检查与更换技能	5			
	具备汽车发动机水泵检查与更换技能	5			
	具备汽车发动机冷却风扇检查与更换技能	10			
	具备汽车发动机散热器检查与更换技能	5			
学生姓名		综合评价得分			
指导教师		日期			

三、学习任务一整体评价

学习任务一整体评价见表 1-7-2。

表 1-7-2　　学习任务一整体评价表

项目	自我评价			小组评价			教师评价		
	10～9分	8～6分	5～1分	10～9分	8～6分	5～1分	10～9分	8～6分	5～1分
	占总评 10%			占总评 30%			占总评 60%		
学习活动 1									
学习活动 2									
学习活动 3									
学习活动 4									
学习活动 5									
学习活动 6									
学习活动 7									
协作精神									
纪律观念									
表达与分析能力									

续表

<table>
<tr><td rowspan="3">项目</td><td colspan="3">自我评价</td><td colspan="3">小组评价</td><td colspan="3">教师评价</td></tr>
<tr><td>10 ~ 9 分</td><td>8 ~ 6 分</td><td>5 ~ 1 分</td><td>10 ~ 9 分</td><td>8 ~ 6 分</td><td>5 ~ 1 分</td><td>10 ~ 9 分</td><td>8 ~ 6 分</td><td>5 ~ 1 分</td></tr>
<tr><td colspan="3">占总评 10%</td><td colspan="3">占总评 30%</td><td colspan="3">占总评 60%</td></tr>
<tr><td>工作态度</td><td></td><td></td><td></td><td></td><td></td><td></td><td></td><td></td><td></td></tr>
<tr><td>任务总体表现</td><td></td><td></td><td></td><td></td><td></td><td></td><td></td><td></td><td></td></tr>
<tr><td>小计 / 分</td><td colspan="3"></td><td colspan="3"></td><td colspan="3"></td></tr>
<tr><td>总评 / 分</td><td colspan="9"></td></tr>
</table>

世赛知识

中国加入世界技能组织

2010 年 10 月 3 日至 10 日，中国代表团一行 6 人赴牙买加首都金斯敦参加了世界技能组织召开的 2010 年世界技能组织全体大会（以下简称“大会”），大会于 2010 年 10 月 7 日表决通过，正式接纳中国加入世界技能组织，中国成为该组织的第 53 个成员。

时任人力资源和社会保障部国际合作司副司长戴晓初作为中国在世界技能组织的行政代表在大会上发言，详细介绍了我国职业培训制度及职业技能竞赛的相关情况，并从时任世界技能组织主席杰克 · 杜塞尔多普的手中接过了世界技能组织成员证书。谈及 2010 年牙买加会议的重要意义，时任人力资源和社会保障部副部长王晓初说，中国加入世界技能组织，参加世界技能竞赛，有利于我国学习借鉴世界各国促进技能培训和开展技能竞赛的经验，推动国内职业技能竞赛活动的开展，营造学习技能人才、尊重技能人才、争当技能人才的良好社会氛围。同时，参加世界技能竞赛，可以构建职业技术交流国际平台，为我国优秀技能人才展示才华绝技、展现技能成果创造条件，对宣传我国高技能人才工作和人力资源能力建设的成果，扩大我国在职业培训领域的影响力，培养造就具有国际水平的高技能人才队伍具有重要意义。

学习任务二　汽车发动机不能启动故障检修

学习目标

1. 能描述点火系统的作用、分类、组成和点火特点，明确汽车发动机不能启动故障的检修内容、检修流程及检修方法。

2. 能描述火花塞的分类、结构、工作原理及选用要求，分析火花塞不点火的原因，并能进行火花塞的检查与更换。

3. 能描述点火线圈的组成、作用和特点，正确判别点火线圈的初、次级及其品质好坏，分析点火线圈不工作的原因，并能进行点火线圈的检查与更换。

4. 能对维修场地的相关设备进行日常维护与保养，按6S管理规定清理现场。

5. 能对相关资料、互联网资源进行检索，完成维修工单、工作页的填写。

6. 能展示工作成果，进行任务评价，总结工作经验，优化检修方案。

7. 能在作业过程中严格执行企业操作规范、安全生产制度、环保管理制度，严格遵守从业人员的职业道德，具有吃苦耐劳、爱岗敬业的工作态度和职业责任感。

16学时

工作情境描述

一辆轿车进厂检修，客户反映汽车无法启动，经维修技师检查初步判断为发动机点火系统故障。汽车维修人员需要根据维修手册的相关要求，在规定时间内完成发动机点火系统的检查与零部件的更换，完成后交付验收。

工作流程与活动

1. 点火系统的认知（2学时）

2. 火花塞的检查与更换（6 学时）

3. 点火线圈的检查与更换（6 学时）

4. 工作总结与评价（2 学时）

思维导图

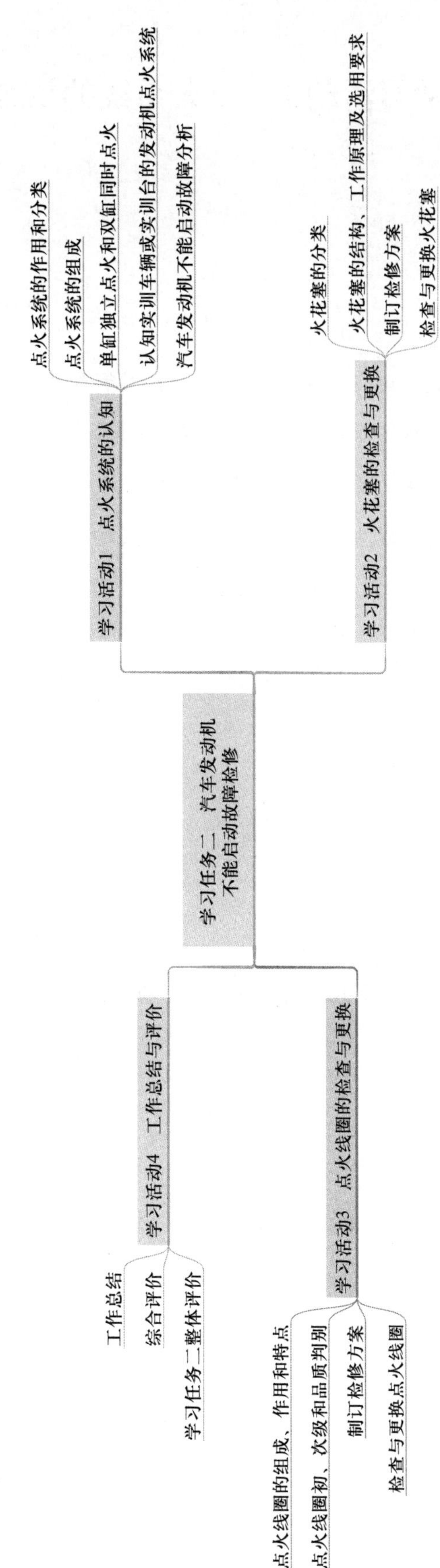
学习任务二　汽车发动机不能启动故障检修
学习活动1　点火系统的认知
点火系统的作用和分类
点火系统的组成
单缸独立点火和双缸同时点火
认知实训车辆或实训台的发动机点火系统
汽车发动机不能启动故障分析
学习活动2　火花塞的检查与更换
火花塞的分类
火花塞的结构、工作原理及选用要求
制订检修方案
检查与更换火花塞
学习活动3　点火线圈的检查与更换
点火线圈的组成、作用和特点
点火线圈初、次级和品质判别
制订检修方案
检查与更换点火线圈
学习活动4　工作总结与评价
工作总结
综合评价
学习任务二整体评价

学习活动 1　点火系统的认知

学习目标

1. 能描述点火系统的作用、分类和组成。

2. 能描述单缸独立点火和双缸同时点火的特点。

3. 能在发动机台架上正确找到点火系统相关的零部件。

4. 能通过查阅资料，明确汽车发动机不能启动故障的检修内容、检修流程及检修方法。

建议学时：2 学时。

学习过程

一、点火系统的作用和分类

1. 简述点火系统的作用。

点火系统的作用是按照气缸的工作顺序定时地在火花塞两电极间产生足够能量的电火花，点燃气缸内的混合气。

2. 点火系统有哪些类型?

点火系统分为传统点火系和电子点火系两类，其中电子点火系又分为无触点点火系、ECU 控制点火系（电控点火系统）、无分电器点火系等。

二、点火系统的组成

1. 电控点火系统主要由点火开关、蓄电池、点火线圈、发动机控制单元（ECU）、凸轮轴位置传感器、曲轴位置传感器、火花塞等组成，如图 2-1-1 所示。

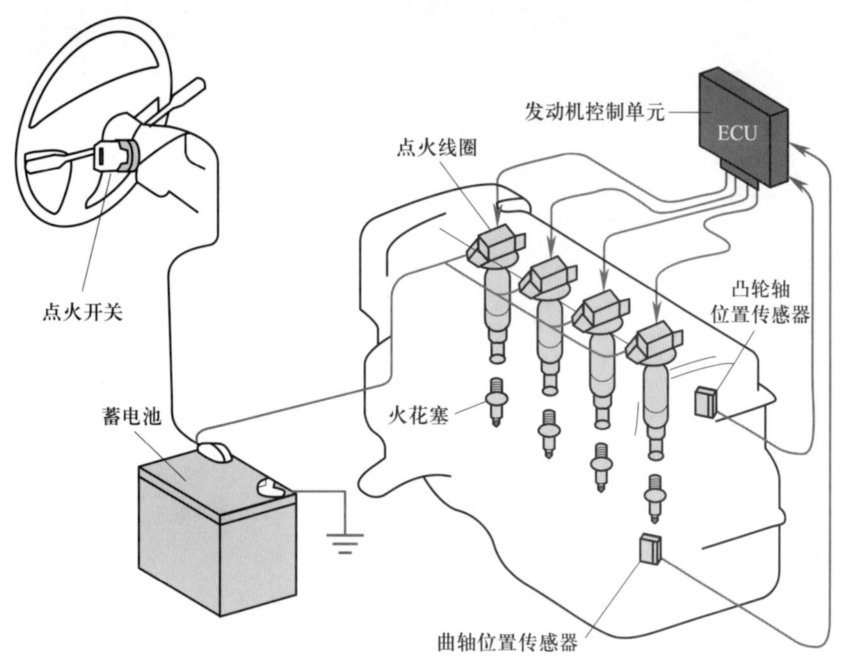

图 2-1-1　电控点火系统的组成

2. 根据实物图，填写发动机点火系统各组成零部件的名称及作用（表 2-1-1）。

表 2-1-1　　发动机点火系统各组成零部件的名称及作用

零部件名称	实物图	作用
点火线圈		将汽车 12 V 的低压电变成高压电，以使火花塞产生电火花
蓄电池		（1）给起动机供电 （2）当发电机过载、不发电或电压较低时，可以协助发电机向用电设备供电 （3）当发电机端电压高于蓄电池的电压时，将一部分电能转换为化学能存储起来

续表

零部件名称	实物图	作用
曲轴位置传感器		采集曲轴的转角以及发动机转速信号，并输入 ECU，以确定点火和喷油时刻
凸轮轴位置传感器		采集凸轮轴的位置信号，并输入 ECU，以确定点火和喷油时刻
火花塞		将高压电引入燃烧室并产生火花，从而点燃气缸中的可燃混合气
点火开关		主要用于控制点火系统低压电路的通断、发动机的启动和熄火
发动机控制单元（ECU）		根据自身存储的程序对发动机各传感器输入的各种信息进行运算、判断、处理，然后输出指令，控制有关执行器动作，达到快速、准确、自动控制发动机工作的目的

三、单缸独立点火和双缸同时点火

查阅资料，简述单缸独立点火和双缸同时点火的特点。

（1）单缸独立点火是每缸配备一个点火线圈，给需要点火的气缸单独点火，而其他气缸不工作。其点火集中，点火效率高。

（2）双缸同时点火是两气缸共用一个点火线圈，一个点火线圈给两个气缸同时点火，不需要点火的气缸处于其他冲程，称为无效点火。

四、认知实训车辆或实训台的发动机点火系统

对照实训车辆或实训台的发动机点火系统，以小组为单位绘制一张点火系统工作原理简图，并向其他组展示和说明该系统各组成零部件的名称、作用和安装位置。

五、汽车发动机不能启动故障分析

汽车发动机不能启动可能是因发动机点火系统故障导致的。根据你对发动机点火系统的了解，小组讨论汽车发动机不能启动时，应主要对发动机点火系统的哪些方面进行检修，以及对应的检修流程和检修方法等，将讨论结果填写在下面的横线上并向其他组展示和说明。

____

____

____

____

____

____

____

____

____

六、学习过程评价

学习过程评价见表 2–1–2。

表 2–1–2　　　　　　　　　　学习过程评价表

班级		姓名		学号		日期	年　月　日
序号	评价要点				配分 / 分	得分	总评 / 分
1	能正确识读和填写工作页，明确学习活动的要求				10		A □（86 ~ 100） B □（76 ~ 85） C □（60 ~ 75） D □（60 以下）
2	能描述点火系统的作用、分类和组成				20		
3	能描述单缸独立点火和双缸同时点火的特点				15		
4	能对照实物，正确说出点火系统各组成零部件的名称、作用及安装位置				10		
5	能查阅资料，明确汽车发动机不能启动故障的检修内容、检修流程及检修方法				15		
6	能遵守劳动纪律，以积极的态度接受工作任务				10		
7	能积极参与小组讨论，发挥团队合作精神				10		
8	能及时完成教师布置的任务				10		
总　分					100		
小结建议							

学习活动 2　火花塞的检查与更换

学习目标

1. 能描述火花塞的分类、结构、工作原理及选用要求。

2. 能分析火花塞不点火的原因，明确火花塞故障的检修内容和检修方法。

3. 能规范地完成火花塞的检查与更换。

建议学时：6 学时。

学习过程

一、火花塞的分类

火花塞是发动机正常工作必不可少的部件，在混合气被吸入气缸中压缩后，必须经过火花塞的点燃才能完成做功，所以在一定程度上火花塞的性能表现会直接影响混合气的点燃爆发。在点燃过程中火花塞的电极会发生损耗，其损耗量与电极材质的熔点、硬度等因素有关。火花塞的组成及位置如图 2–2–1 所示。

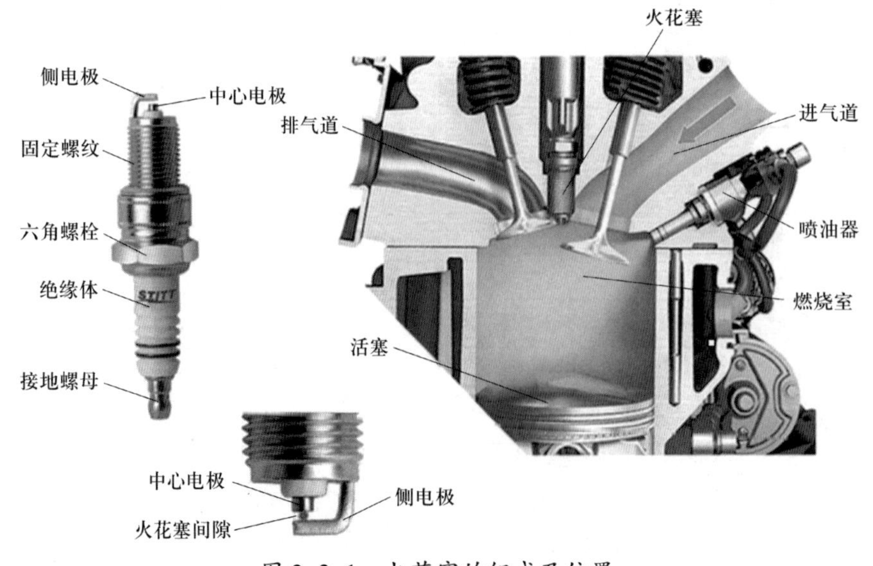

图 2–2–1　火花塞的组成及位置

火花塞主要有两种分类方式，一种是按照热值高低来分，另一种是按照电极材料来分，它们各分为哪些类型?

（1）按热值高低分为冷型火花塞和热型火花塞。

（2）按电极材料分为镍合金火花塞、银合金火花塞和铂合金火花塞等。

二、火花塞的结构、工作原理及选用要求

1. 简述火花塞的结构特点。

火花塞是由金属外壳、绝缘体、中心电极、侧电极等组成的。金属外壳带有螺纹，可以把火花塞拧到发动机气缸上。绝缘体的主要作用是隔离火花。中心电极和侧电极主要用于产生火花，以点燃混合气。

2. 简述火花塞的工作原理。

火花塞电极反复持续地发电点火，产生的脉冲高压电击穿两电极间的空气，形成火花并产生爆炸，引燃气缸内的混合气体，从而使发动机正常工作。

3. 学校教学用车火花塞的点火电压是多少？在选用时有哪些要求?

（1）略。

（2）选用的火花塞外形尺寸必须与原车的完全一致，包括火花塞长度、螺纹的尺寸、电极的形状与长度等，这样才能保证火花塞安装到位，不会与气门、活塞等发生运动干涉，同时确保各气缸燃烧室的火焰中心在同一位置；另外，同一台发动机上的火花塞电极材料也必须完全相同，不同的电极材料会影响火花塞的使用寿命，且点火性能也有差异，会导致各气缸点火性能不均衡。

三、制订检修方案

1. 查阅资料，回答下列问题。

（1）造成火花塞不点火的原因有哪些?

1）火花塞间隙调整不当。

2）火花塞电极表面积油。

3）绝缘体裙部裂损。

4）高压电线短路。

5）火花塞积碳过多。

6）电极断损脱落。

7）火花塞绝缘电阻值太低。

8）白金触点烧蚀。

9）白金触点弹簧的弹力太弱。

10）容电器绝缘击穿短路，工作失效。

11）点火线圈损坏。

（2）火花塞出现故障时，应主要从哪些方面对其进行检查？采用什么检修方法？

火花塞出现故障时，应主要检查其是否积碳过多或烧蚀。当积碳过多时，应清除积碳；当火花塞因长时间使用有缺损或电极间隙过大时应更换。

2. 根据具体工作内容，明确小组成员分工，填写表 2–2–1。

表 2–2–1　　小组成员分工

姓名	分工

3. 根据要求列出维修所需主要工具及材料清单，填写表 2–2–2。

表 2–2–2　　维修所需主要工具及材料清单

序号	工具及材料名称	单位	数量	备注

4. 根据小组分工情况及客户要求，制订具体的维修工序，填写表 2–2–3。

表 2–2–3　维修工序安排

序号	维修工序内容	备注

四、检查与更换火花塞

发动机不能启动可能是因火花塞故障引起的，根据表 2–2–4 的操作规范，完成火花塞的检查与更换。

表 2–2–4　检查与更换火花塞

序号	操作图示	作业要领	完成情况
1		打开发动机舱盖，拆掉发动机装饰罩	完　成□ 未完成□
2	火花塞安装位置	找到火花塞的安装位置，拔出高压线或点火线圈（有高压线的注意其放置顺序）	完　成□ 未完成□
3		选用合适的火花塞套筒依次拧下火花塞，注意不要损坏火花塞	完　成□ 未完成□

续表

序号	操作图示	作业要领	完成情况
4		观察火花塞点火端部是否有沉积物、烧蚀等情况。若有沉积物，应将其清除；若火花塞烧蚀，应视情况予以更换	完　成□ 未完成□
5		安装新的火花塞，由于火花塞的绝缘部分是采用陶瓷材料制作的，在放入火花塞时，注意避免损坏	完　成□ 未完成□
6		根据维修手册力矩要求依次拧紧各缸火花塞。规定力矩：_____N·m	完　成□ 未完成□
7		装回高压线或点火线圈，在安装时注意点火顺序	完　成□ 未完成□

续表

序号	操作图示	作业要领	完成情况
8		启动发动机进行测试，这时发动机应运转正常，怠速及加速无抖动	完　成□ 未完成□
9		装回发动机装饰罩，关好发动机舱盖	完　成□ 未完成□

1. 在拆卸火花塞的过程中，应注意哪些问题?

1）选择正确型号的火花塞拆装工具。

2）在拆卸前应将火花塞周围用吹尘枪把灰尘吹干净。

3）注意防止火花塞断裂。

4）拆下火花塞后，应用干净的毛巾盖住火花塞座孔，防止异物掉入。

2. 清除火花塞点火端部沉积物时，应注意哪些问题?

1）不能使用强腐蚀性清洗剂。

2）在清洁过程中应防止火花塞掉落摔坏，注意不要损伤螺纹及电极部分。

3）清洁完毕后测量电极间隙，应将电极间隙恢复至标准值。

3. 在安装火花塞的过程中应注意哪些问题?

1）安装时应防止油污附着到火花塞的绝缘体表面，因为油污在高电压下可以导电。

2）运输、取用火花塞的过程中应防止机械冲击，以免绝缘体产生裂痕或碎裂。

3）安装时要用火花塞套筒缓慢将火花塞送到火花塞座孔，避免火花塞侧电极变形而改变电极间隙。

4）用规定力矩紧固火花塞；安装扭矩过大或火花塞套筒轴线与火花塞轴线偏离太大，会损坏绝缘体，导致发动机抖动、侧电极烧蚀、中心电极陶瓷体破裂；安装扭矩过小，会造成火花塞处漏气或火花塞过热。

5）完成火花塞安装后，要确保火花塞与高压线、点火线圈连接可靠。

拓展训练

将火花塞拆下检查

1. 测量火花塞间隙（图 2-2-2）

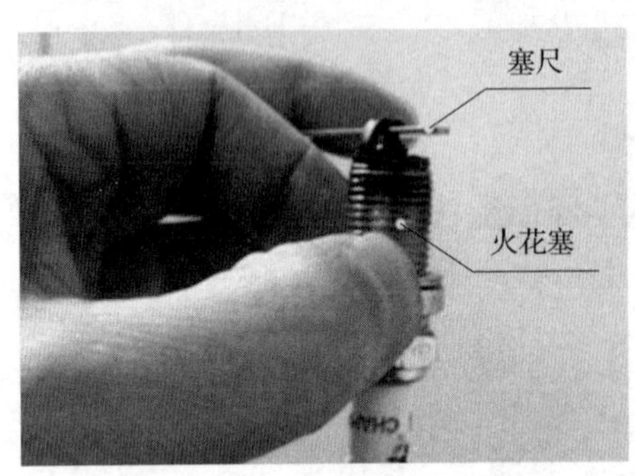

图 2-2-2 测量火花塞间隙

通常测量火花塞间隙使用的工具是塞尺，在测量前应做好火花塞顶部清洁。传统点火系统火花塞间隙一般为 0.6 ~ 0.8 mm，电子点火系统火花塞间隙一般为 0.9 ~ 1.2 mm，当火花塞间隙小于 0.6 mm 或大于 1.2 mm 时需要对其进行调整。

2. 测量火花塞绝缘电阻

使用摇表进行测量，摇表显示绝缘电阻阻值应为无穷大，否则应更换火花塞。

查阅资料，回答下列问题。

（1）简述测量火花塞电极间隙的方法。

1）用塞尺测量火花塞电极间隙，火花塞电极间隙过大时，可用旋具柄轻轻敲打侧电极来进行调整；间隙过小时，可用一字旋具插入电极之间，扳动一字旋具把间隙调整到符合要求为止。

2）用图像检测技术对采集的火花塞原始图像依次进行二值化处理，去除孤立小目标并进行目标区域识别，结合图像标定结果。

（2）简述测量火花塞绝缘电阻的操作步骤。

火花塞是高压部件，其工作电压在 10 000 V 以上，所以不能用万用表进行测量，最好用摇表测量。将火花塞放到干燥的地面上，再将摇表的两根线分别夹到中心电极与固定螺纹处，匀速地摇动摇表至每分钟转 120 转，然后读出读数。新的火花塞绝缘电阻阻值应为无穷大。

五、学习过程评价

学习过程评价见表 2–2–5。

表 2–2–5　　学习过程评价表

班级		姓名		学号		日期	年　月　日
序号	评价要点				配分 / 分	得分	总评 / 分
1	能正确识读和填写工作页，明确学习活动的要求				10		A □（86 ~ 100） B □（76 ~ 85） C □（60 ~ 75） D □（60 以下）
2	能描述火花塞的分类、结构、工作原理及选用要求				20		
3	能查阅资料，分析火花塞不点火的原因，明确火花塞故障的检修内容和检修方法				10		
4	能规范地完成火花塞的检查与更换				30		
5	能遵守劳动纪律，以积极的态度接受工作任务				10		
6	能积极参与小组讨论，发挥团队合作精神				10		
7	能及时完成教师布置的任务				10		
总　分					100		
小结建议							

学习活动3　点火线圈的检查与更换

学习目标

1. 能描述点火线圈的组成、作用和特点。

2. 能正确判别点火线圈的初、次级及其品质好坏。

3. 能分析点火线圈不工作的原因，明确点火线圈故障的检修内容和检修方法。

4. 能规范地完成点火线圈的检查与更换。

建议学时：6学时。

学习过程

一、点火线圈的组成、作用和特点

点火线圈的作用类似变压器，它将汽车蓄电池提供的12 V低电压瞬间转换为20 ~ 30 kV的高电压，点燃混合气，以使汽车正常行驶。

点火系统的发展经历了触点式点火系统、电子点火系统、微机控制点火系统等阶段。触点式点火系统通过凸轮驱动的机械触点控制点火线圈初级电路的通断，以在次级电路中产生高电压（图2–3–1）。该点火系统目前已被微机控制点火系统取代。

图2–3–2所示为微机控制点火系统。查阅资料，回答下列问题。

1. 微机控制点火系统相比触点式点火系统，有哪些优点?

（1）微机控制点火系统的分电器触点不易烧蚀、磨损，能调整闭合角和校正点火正时。

（2）微机控制点火系统能控制初级电路电流的通、断以及放大与处理传感器发出的脉冲信号。

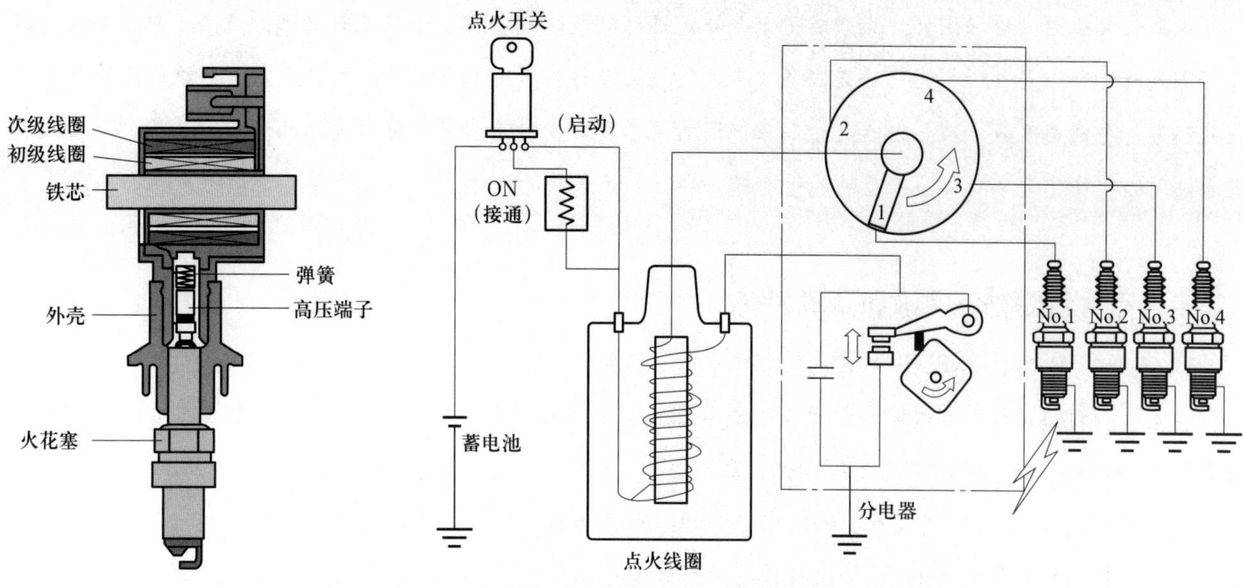

图 2–3–1　触点式点火系统　　图 2–3–2　微机控制点火系统

2. 根据是否有反馈控制，点火线圈分为开磁路点火线圈和闭磁路点火线圈两种类型，它们各有哪些特点？

开磁路点火线圈：利用电磁互感原理制成。其主要由初级线圈和次级线圈、壳体及附加电阻等组成。开磁路点火线圈有两接线柱式和三接线柱式之分。因其漏磁通较大，转换效率较低，生产工艺较复杂，体积较大，所以目前应用较少。

闭磁路点火线圈：将初级线圈和次级线圈都绕在口字形或日字形的铁芯上。初级线圈产生的磁通通过铁芯构成闭合磁路。该类型的线圈具有漏磁少、能量损失小、转换效率高、体积小、质量轻和易散热等优点，因此在点火系统中广泛应用。

3. 根据点火方式，点火线圈分为单缸点火线圈和双缸点火线圈等类型（图 2–3–3、图 2–3–4），它们在选用时应考虑哪些问题？

图 2–3–3　单缸点火线圈

图 2–3–4　双缸点火线圈

单缸点火线圈：点火线圈直接安装在火花塞的顶部，并取消了高压线。这种点火方式通过凸轮轴位置传感器或通过监测气缸压缩量来实现精确点火，它适用于任何缸数的发动机，特别适合每缸 4 气门的发动机使用。火花塞和点火线圈的组合件可安装在双顶置凸轮轴的中间，充分利用了间隙空间。由于取消了分电器和高压线，能量传导损失及漏电损失极小，没有机械磨损，而且各缸的点火线圈和火花塞装配在一起，外用金属包裹，大幅减少了电磁干扰，可以确保发动机电控系统的正常工作。

双缸点火线圈：这种点火方式只能用于气缸数目为偶数的发动机。如在 4 缸机上，当两个缸活塞同时接近上止点时（一个是压缩，另一个是排气），两个火花塞共用同一个点火线圈且同时点火，这时一个是有效点火，另一个则是无效点火。前者处于高压低温的混合气之中，后者处于低压高温的废气中，因此两者火花塞电极间的阻值完全不一样，产生的能量也不一样，有效点火的能量大得多，约占总能量的 80%。

二、点火线圈初、次级和品质判别

1. 如何区分点火线圈的初级线圈和次级线圈?

点火线圈的初级线圈和次级线圈可以通过阻值大小来判别，初级线圈阻值小，次级线圈阻值大。初级线圈的线径为 0.5 ~ 1.0 mm，较次级线圈粗，且匝数仅 150 ~ 300 匝（次级线圈的线径为 0.05 ~ 1.0 mm，匝数 2 万 ~ 3 万匝）。初级线圈绕在次级线圈的外侧，次级线圈所产生的磁通变化与初级线圈完全相同（初级线圈和次级线圈的绕线方向相同）。次级线圈的始端连接高压输出接头，末端连接初级线圈的始端，并连接外壳的“+”接线柱，初级线圈的末端连接外壳的“–”接线柱。

2. 如何判别点火线圈的品质? 一般多久更换一次点火线圈?

（1）点火线圈应有正规的标识，无破裂、老化现象，点火线圈接触点无腐蚀等。

（2）通常情况下点火线圈在行驶里程达到 10 km 时应更换。

三、制订检修方案

1. 查阅资料，回答下列问题。

（1）造成点火线圈不工作的原因有哪些?

1）ECU 程序故障。

2）电源电压不稳定。

3）点火高压异常。

4）次级线圈有短路现象。

5）初级电路电流过高导致点火线圈过热。

（2）点火线圈出现故障时，应主要从哪些方面对其进行检查? 采用什么检修方法?

点火线圈出现故障时，应主要检查其初级线圈和次级线圈匝间是否存在短路或断路。

具体检修方法如下。

用手触摸点火线圈外壳感受温度，若感到稍热，说明点火线圈工作正常；若感到烫手，说明点火线圈有短路故障；若温度正常，说明点火线圈发生断路。用万用表测量初级线圈和次级线圈阻值，若测得阻值为无穷大，说明点火线圈有断路故障；若测得阻值过小，说明点火线圈短路。

2. 根据具体工作内容，明确小组成员分工，填写表 2–3–1。

表 2–3–1　　小组成员分工

姓名	分工

3. 根据要求列出维修所需主要工具及材料清单，填写表 2–3–2。

表 2–3–2　　维修所需主要工具及材料清单

序号	工具及材料名称	单位	数量	备注

4. 根据小组分工情况及客户要求，制订具体的维修工序，填写表 2–3–3。

表 2–3–3　　维修工序安排

序号	维修工序内容	备注

四、检查与更换点火线圈

发动机不能启动时，可能是因点火线圈故障引起的，根据表 2–3–4 的操作规范，完成点火线圈的检查与更换。

表 2-3-4 检查与更换点火线圈

序号	操作图示	作业要领	完成情况
1		打开发动机舱盖，拆掉发动机装饰罩	完　成□ 未完成□
2	 火花塞安装位置	找到点火线圈的安装位置，拔出点火线圈的电源插头，有高压线的注意拔出高压线，并注意插接顺序	完　成□ 未完成□
3		拧下点火线圈上的固定螺栓，并将其取下	完　成□ 未完成□
4		用万用表检测点火线圈是否良好，若性能不良，则更换 （1）测量点火线圈的阻值，区分其初级和次级 （2）将测得的阻值与标准阻值进行比较，以判断点火线圈是否损坏。初级点火线圈和次级点火线圈的阻值分别为_______Ω 和_______Ω（参考维修手册）	完　成□ 未完成□
5	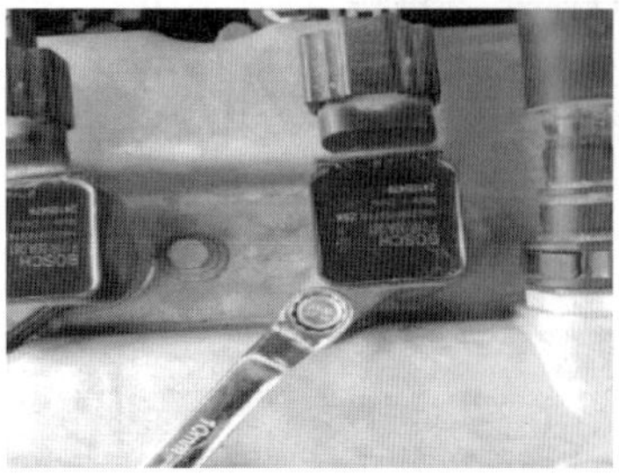	安装新的点火线圈，并根据维修手册力矩要求拧紧固定螺栓。规定力矩：____ N·m（参考维修手册）	完　成□ 未完成□

续表

序号	操作图示	作业要领	完成情况
6		连接好相关线束，有高压线的车辆按要求连接好高压线	完　成□ 未完成□
7		启动发动机进行测试，这时发动机应运转正常，怠速及加速无抖动	完　成□ 未完成□
8		装回发动机装饰罩，关好发动机舱盖	完　成□ 未完成□

1. 在更换点火线圈时应注意哪些问题？

1）更换点火线圈时，建议全部更换，若只更换有故障的部分，可能会导致原本没有故障的点火线圈出现故障。

2）在更换点火线圈时，应确认火花塞有无故障，若使用已有消耗的火花塞，会加剧点火线圈的损坏，所以建议在更换点火线圈的同时也更换火花塞。

3）在更换点火线圈时，应确保连接线束的插头、插针无破损（在更换点火线圈时容易导致连接线束的插头、插针破损，引起导通不良）。

4）确保点火线圈低压插头无油污染。

5）安装完成后，为了重新启用失火气缸的喷油操作系统，需清除 ECU 故障码。因为新的点火线圈和经过多年劣化的点火线圈参数有显著的变化，ECU 易受到由于旧点火线圈破损引起的驱动器故障的影响。而有故障的 ECU 会损坏新的点火线圈，故在更换点火线圈前务必做好检查，建议安装后进行数据更新复位。

2. 简述拆卸单缸点火线圈和双缸点火线圈的区别。

拆卸时注意单缸点火线圈和双缸点火线圈的接线端子不同，具体如下。

单缸点火线圈的 1 端子为供电端，2 端子为车身接地端，3 端子为发动机接地端，4 端子为触发 / 诊断端。

双缸点火线圈有两个高压输出端，分别与火花塞相连，负责对两个气缸同时点火。内部初级线圈由两个晶体管分别控制搭铁，共用一根电源线。

五、学习过程评价

学习过程评价见表 2-3-5。

表 2-3-5　　学习过程评价表

<table>
<tr><td>班级</td><td></td><td>姓名</td><td></td><td>学号</td><td></td><td>日期</td><td>年　月　日</td></tr>
<tr><td>序号</td><td colspan="4">评价要点</td><td>配分 / 分</td><td>得分</td><td>总评 / 分</td></tr>
<tr><td>1</td><td colspan="4">能正确识读和填写工作页，明确学习活动的要求</td><td>10</td><td></td><td rowspan="8">A □（86 ~ 100）
B □（76 ~ 85）
C □（60 ~ 75）
D □（60 以下）</td></tr>
<tr><td>2</td><td colspan="4">能描述点火线圈的组成、作用和特点</td><td>10</td><td></td></tr>
<tr><td>3</td><td colspan="4">能正确判别点火线圈的初、次级及其品质好坏</td><td>10</td><td></td></tr>
<tr><td>4</td><td colspan="4">能查阅资料，分析点火线圈不工作的原因，明确点火线圈故障的检修内容和检修方法</td><td>10</td><td></td></tr>
<tr><td>5</td><td colspan="4">能规范地完成点火线圈的检查与更换</td><td>30</td><td></td></tr>
<tr><td>6</td><td colspan="4">能遵守劳动纪律，以积极的态度接受工作任务</td><td>10</td><td></td></tr>
<tr><td>7</td><td colspan="4">能积极参与小组讨论，发挥团队合作精神</td><td>10</td><td></td></tr>
<tr><td>8</td><td colspan="4">能及时完成教师布置的任务</td><td>10</td><td></td></tr>
<tr><td colspan="5">总　分</td><td>100</td><td></td><td></td></tr>
<tr><td>小结
建议</td><td colspan="7"></td></tr>
</table>

学习活动 4　工作总结与评价

学习目标

1. 能以小组形式，对学习过程和成果进行汇报总结。
2. 能完成对学习过程的综合评价。

建议学时：2 学时。

学习过程

一、工作总结

在世界技能大赛中，要求选手具有一定的组织规划、沟通、创新等能力，这在实际的生产工作中是十分必要的。以小组为单位，选择演示文稿、展板、海报、视频等形式中的一种或几种，向全班展示、汇报学习成果。

二、综合评价

针对本任务的学习情况，根据表 2–4–1 所列综合评价标准进行评分。

表 2–4–1　　综合评价标准

评价项目	评价内容及标准	配分 / 分	评分		
			自我评价	小组评价	教师评价
组织和管理	团队合作，合理计划，高效管理时间	3			
	及时检查工作进展和效果	3			
	保证高质量完成工作	4			
沟通能力	深度咨询客户，完全理解其要求	10			
	提供明确说明，准确回答客户疑问	10			
计划创新能力	及时处理工作中遇到的问题	10			
	提出创新性、可行性建议，提高客户满意度	10			

续表

<table>
<tr><th rowspan="2">评价项目</th><th rowspan="2">评价内容及标准</th><th rowspan="2">配分 / 分</th><th colspan="3">评分</th></tr>
<tr><th>自我评价</th><th>小组评价</th><th>教师评价</th></tr>
<tr><td rowspan="2">专业知识</td><td>熟悉汽车点火系统各零部件的作用、组成、分类、原理等理论知识</td><td>10</td><td></td><td></td><td></td></tr>
<tr><td>熟悉汽车发动机不能启动故障检修知识</td><td>10</td><td></td><td></td><td></td></tr>
<tr><td rowspan="2">实践能力</td><td>具备汽车发动机火花塞检查与更换技能</td><td>15</td><td></td><td></td><td></td></tr>
<tr><td>具备汽车发动机点火线圈检查与更换技能</td><td>15</td><td></td><td></td><td></td></tr>
<tr><td>学生姓名</td><td></td><td colspan="2">综合评价得分</td><td colspan="2"></td></tr>
<tr><td>指导教师</td><td></td><td colspan="2">日期</td><td colspan="2"></td></tr>
</table>

三、学习任务二整体评价

学习任务二整体评价见表 2–4–2。

表 2–4–2　学习任务二整体评价表

<table>
<tr><th rowspan="3">项目</th><th colspan="3">自我评价</th><th colspan="3">小组评价</th><th colspan="3">教师评价</th></tr>
<tr><th>10 ~ 9 分</th><th>8 ~ 6 分</th><th>5 ~ 1 分</th><th>10 ~ 9 分</th><th>8 ~ 6 分</th><th>5 ~ 1 分</th><th>10 ~ 9 分</th><th>8 ~ 6 分</th><th>5 ~ 1 分</th></tr>
<tr><th colspan="3">占总评 10%</th><th colspan="3">占总评 30%</th><th colspan="3">占总评 60%</th></tr>
<tr><td>学习活动 1</td><td></td><td></td><td></td><td></td><td></td><td></td><td></td><td></td><td></td></tr>
<tr><td>学习活动 2</td><td></td><td></td><td></td><td></td><td></td><td></td><td></td><td></td><td></td></tr>
<tr><td>学习活动 3</td><td></td><td></td><td></td><td></td><td></td><td></td><td></td><td></td><td></td></tr>
<tr><td>学习活动 4</td><td></td><td></td><td></td><td></td><td></td><td></td><td></td><td></td><td></td></tr>
<tr><td>协作精神</td><td></td><td></td><td></td><td></td><td></td><td></td><td></td><td></td><td></td></tr>
<tr><td>纪律观念</td><td></td><td></td><td></td><td></td><td></td><td></td><td></td><td></td><td></td></tr>
<tr><td>表达与分析能力</td><td></td><td></td><td></td><td></td><td></td><td></td><td></td><td></td><td></td></tr>
<tr><td>工作态度</td><td></td><td></td><td></td><td></td><td></td><td></td><td></td><td></td><td></td></tr>
<tr><td>任务总体表现</td><td></td><td></td><td></td><td></td><td></td><td></td><td></td><td></td><td></td></tr>
<tr><td>小计 / 分</td><td colspan="3"></td><td colspan="3"></td><td colspan="3"></td></tr>
<tr><td>总评 / 分</td><td colspan="9"></td></tr>
</table>

世赛知识

中国参赛历程

虽然中国参加世界技能大赛起步比较晚，但在世界技能大赛中国组委会的有效组织和协调下，五次征战，次次有突破，累计获得 36 枚金牌、29 枚银牌、20 枚铜牌和 58 个优胜奖，以优异的成绩向世界充分展现了“中国制造”的力量。

1. 首战伦敦

2011 年 10 月，在英国伦敦举行的第 41 届世界技能大赛上，中国首次组团参加了 6 个项目的比赛，获得 1 枚银牌和 5 个优胜奖。

2. 挺进莱比锡

2013 年 7 月，在德国莱比锡举行的第 42 届世界技能大赛上，中国代表团参加了 22 个项目的比赛，获得 1 枚银牌、3 枚铜牌和 13 个优胜奖。

3. 圆梦圣保罗

2015 年 8 月，在巴西圣保罗举行的第 43 届世界技能大赛上，中国代表团参加了 29 个项目的比赛，获得 5 枚金牌、6 枚银牌、4 枚铜牌和 11 个优胜奖，实现了金牌零的突破。

4. 竞技阿布扎比

2017 年 10 月，在阿联酋阿布扎比举行的第 44 届世界技能大赛上，中国代表团参加了 47 个项目的比赛，获得 15 枚金牌、7 枚银牌、8 枚铜牌和 12 个优胜奖，金牌总数、奖牌总数和团体总分均位列第一，创造了我国参赛以来的最好成绩。

5. 征战喀山

2019 年 8 月，在俄罗斯喀山举行的第 45 届世界技能大赛上，中国代表团参加了全部 56 个项目的比赛，获得 16 枚金牌、14 枚银牌、5 枚铜牌和 17 个优胜奖，金牌总数、奖牌总数和团体总分再次位列第一，获得了历史最好成绩。

下表是中国参加世界技能大赛的相关信息。

中国参加世界技能大赛的相关信息

年份	赛事	地点	参赛项目数量	参赛选手数量	获得成果
2011 年	第 41 届世界技能大赛	英国伦敦	6	6	1 枚银牌 5 个优胜奖
2013 年	第 42 届世界技能大赛	德国莱比锡	22	26	1 枚银牌 3 枚铜牌 13 个优胜奖

续表

年份	赛事	地点	参赛项目数量	参赛选手数量	获得成果
2015 年	第 43 届世界技能大赛	巴西圣保罗	29	32	5 枚金牌 6 枚银牌 4 枚铜牌 11 个优胜奖
2017 年	第 44 届世界技能大赛	阿联酋阿布扎比	47	52	15 枚金牌 7 枚银牌 8 枚铜牌 12 个优胜奖
2019 年	第 45 届世界技能大赛	俄罗斯喀山	56	63	16 枚金牌 14 枚银牌 5 枚铜牌 17 个优胜奖
合　计					36 枚金牌 29 枚银牌 20 枚铜牌 58 个优胜奖

学习任务三　汽车汽油发动机加速无力故障检修

学习目标

1. 能描述汽油机燃料供给系统的作用、分类、组成和工作原理，明确汽车汽油发动机加速无力故障的检修内容、检修流程及检修方法。

2. 能描述汽油机燃油泵的分类、组成和工作原理，分析汽油机燃油泵故障的原因，并能进行汽油机燃油泵的检查与更换。

3. 能描述空气滤清器的作用、分类、组成、清洁和保养方法，以及空气滤清器滤芯的选用方法，分析空气滤清器工作不良的原因，并能进行空气滤清器的检查与更换。

4. 能描述汽油机燃油供给系统压力的检测条件和检测方法，分析汽油机燃油供给系统压力异常的原因，并能进行汽油机燃油供给系统压力的检测。

5. 能描述节气门的分类、组成和特点，分析节气门积碳过多的原因，并能进行节气门的检查与清洗。

6. 能描述汽油机喷油器的作用、分类和组成，分析汽油机喷油器喷油不良的原因，并能进行汽油机喷油器的检查与清洗。

7. 能对维修场地的相关设备进行日常维护与保养，按6S管理规定清理现场。

8. 能对相关资料、互联网资源进行检索，完成维修工单、工作页的填写。

9. 能展示工作成果，进行任务评价，总结工作经验，优化检修方案。

10. 能在作业过程中严格执行企业操作规范、安全生产制度、环保管理制度，严格遵守从业人员的职业道德，具有吃苦耐劳、爱岗敬业的工作态度和职业责任感。

建议学时

26学时

工作情境描述

一辆轿车进厂检修，客户反映汽车出现启动多次才着车且加速无力现象，经维修技师检查初步判断为发动机燃料供给系统故障。汽车维修人员需要根据维修手册的相关要求，在规定时间内完成发动机燃料供给系统的检查与零部件的更换，完成后交付验收。

工作流程与活动

1. 燃料供给系统的认知（4 学时）
2. 燃油泵的检查与更换（4 学时）
3. 空气滤清器的检查与更换（4 学时）
4. 燃油供给系统压力的检测（4 学时）
5. 节气门的检查与清洗（4 学时）
6. 喷油器的检查与清洗（4 学时）
7. 工作总结与评价（2 学时）

思维导图

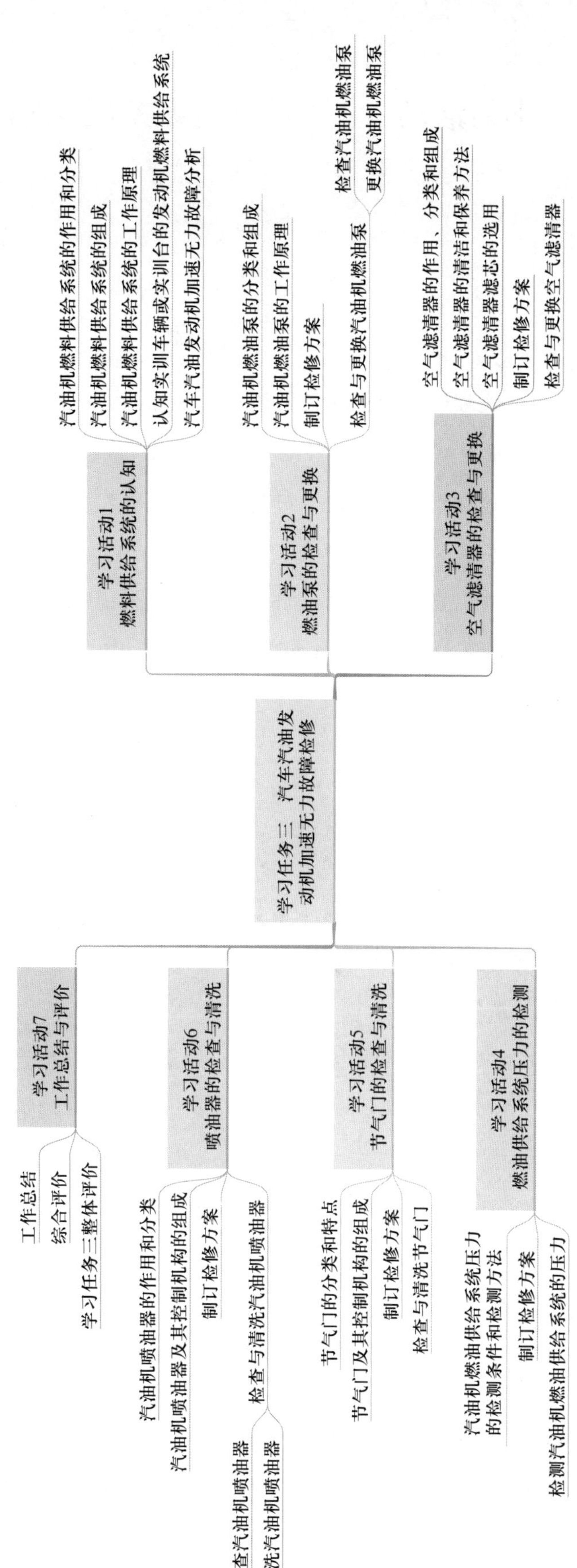
学习任务三　汽车汽油发动机加速无力故障检修
学习活动1 燃料供给系统的认知
汽油机燃料供给系统的作用和分类
汽油机燃料供给系统的组成
汽油机燃料供给系统的工作原理
认知实训车辆或实训台的发动机燃料供给系统
汽车汽油发动机加速无力故障分析
学习活动2 燃油泵的检查与更换
汽油机燃油泵的分类和组成
汽油机燃油泵的工作原理
制订检修方案
检查与更换汽油机燃油泵
检查汽油机燃油泵
更换汽油机燃油泵
学习活动3 空气滤清器的检查与更换
空气滤清器的作用、分类和组成
空气滤清器的清洁和保养方法
空气滤清器滤芯的选用
制订检修方案
检查与更换空气滤清器
学习活动4 燃油供给系统压力的检测
汽油机燃油供给系统压力的检测条件和检测方法
制订检修方案
检测汽油机燃油供给系统的压力
学习活动5 节气门的检查与清洗
节气门的分类和特点
节气门及其控制机构的组成
制订检修方案
检查与清洗节气门
学习活动6 喷油器的检查与清洗
汽油机喷油器的作用和分类
汽油机喷油器及其控制机构的组成
制订检修方案
检查与清洗汽油机喷油器
检查汽油机喷油器
清洗汽油机喷油器
学习活动7 工作总结与评价
工作总结
综合评价
学习任务三整体评价

学习活动 1　燃料供给系统的认知

学习目标

1. 能描述汽油机燃料供给系统的作用、分类、组成和工作原理。

2. 能在发动机台架上正确找到汽油机燃料供给系统相关的零部件。

3. 能通过查阅资料，明确汽车汽油发动机加速无力故障的检修内容、检修流程及检修方法。

建议学时：4 学时。

学习过程

一、汽油机燃料供给系统的作用和分类

1. 简述汽油机燃料供给系统的作用。

汽油机燃料供给系统的作用是根据发动机各种不同工况的要求，配制出一定数量和浓度的可燃混合气，供入气缸，使之在临近压缩终了时点火燃烧而膨胀做功。最后，燃料供给系统还应将燃烧产物——废气排入大气中。

2. 简述汽油机燃料供给系统的分类。

按喷射装置的控制方式分类：机械式、机电混合控制式、电子控制式。

按喷油器的安装部位分类：缸内喷射、缸外喷射（进气管喷射）。

按喷油器的布置方式分类：单点喷射、多点喷射。

按喷油器的工作时间分类：连续喷射、间歇喷射（同时喷射、分组喷射、顺序喷射）。

按空气量测量方式分类：直接测量方式（L 型喷射系统）、间接测量方式。

二、汽油机燃料供给系统的组成

1. 汽油机燃料供给系统主要由燃油泵、燃油滤清器、喷油器、节气门、各类传感器等组成。其中，电子控制式燃料供给系统包括燃油供给部分、空气供给部分、电子控制部分，查阅相关资料，完成以下题目。

（1）燃油供给部分（图 3–1–1）

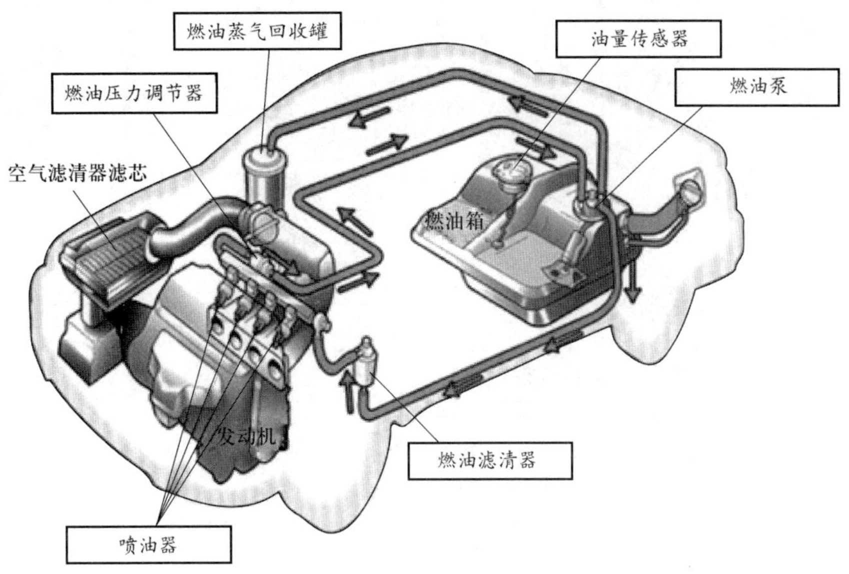

图 3–1–1　燃油供给部分

（2）空气供给部分（图 3–1–2）

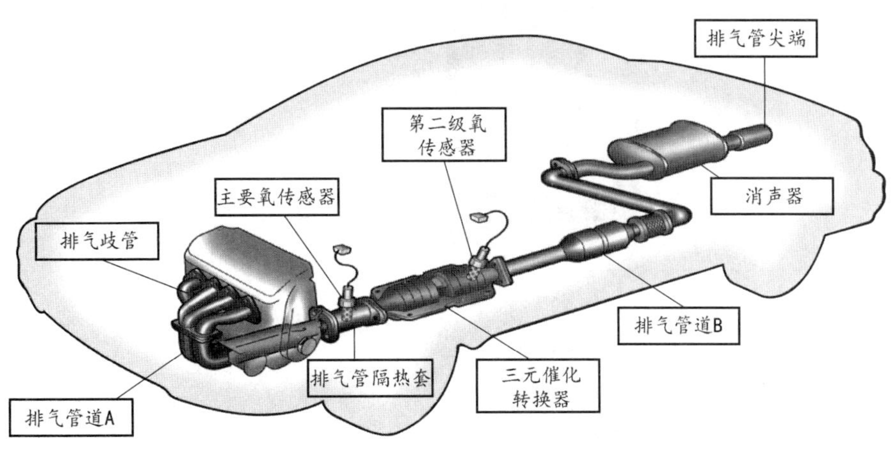

图 3–1–2　空气供给部分

（3）电子控制部分（图 3–1–3）

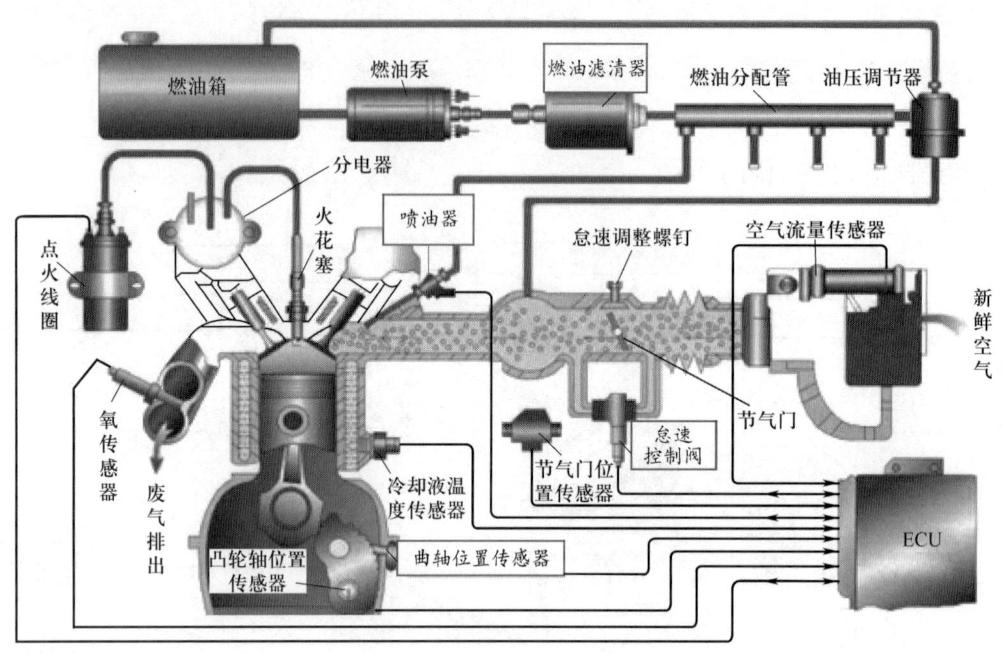

图 3–1–3　电子控制部分

2. 根据实物图，填写发动机燃料供给系统各组成零部件的名称及作用（表 3–1–1）。

表 3–1–1　发动机燃料供给系统各组成零部件的名称及作用

零部件名称	实物图	作用
燃油泵（总成）		把燃油从燃油箱中吸出、加压后输送到燃油分配管中，和油压调节器配合建立一定的燃油压力
燃油滤清器		过滤燃油中的杂质，防止燃油系统堵塞，保证燃油系统精密部件免受磨损及其他损害

续表

零部件名称	实物图	作用
喷油器		一个简单的电磁阀。当电磁线圈通电时，产生吸力，针阀被吸起，打开喷孔，燃油经针阀头部的轴针与喷孔之间的环形间隙高速喷出，形成雾状，以利于燃油充分燃烧
节气门		控制空气进入发动机的一道可控阀门，空气进入进气管后与汽油混合变成可燃混合气，从而燃烧形成做功
氧传感器		测定发动机燃烧后排出的尾气中氧气含量是否过剩，并把氧气含量转换成电压信号传递到ECU，使发动机能够实现以过量空气系数为目标的闭环控制，确保三元催化转换器对排气中的碳氢化合物、一氧化碳和氮氧化合物都有最大的转化效率，最大程度地进行排放污染物的转化和净化
油压调节器		根据进气歧管压力的变化来调节进入喷油器的燃油压力，使两者保持恒定的压力差

三、汽油机燃料供给系统的工作原理

简述汽油机燃料供给系统的工作原理。

燃油泵从燃油箱内将燃油吸出，经燃油滤清器滤除杂质并经燃油分配管输送至喷油器，当燃油压力达到一定值时，喷油器以雾状将燃油喷入燃烧室，形成混合气并燃烧做功后，经排气装置将废气排入大气。

四、认知实训车辆或实训台的发动机燃料供给系统

对照实训车辆或实训台的发动机燃料供给系统，以小组为单位绘制一张燃料供给系统工作原理简图，并向其他组展示和说明该系统各组成零部件的名称、作用和安装位置。

五、汽车汽油发动机加速无力故障分析

汽车汽油发动机加速无力可能是因汽油发动机燃料供给系统故障导致的。根据你对汽油发动机燃料供给系统的了解，小组讨论汽车汽油发动机加速无力时，应主要对汽油发动机燃料供给系统的哪些方面进行检修，以及对应的检修流程和检修方法等，将讨论结果填写在下面的横线上并向其他组展示和说明。

六、学习过程评价

学习过程评价见表 3–1–2。

表 3–1–2　　学习过程评价表

<table>
<tr><td>班级</td><td colspan="2"></td><td>姓名</td><td></td><td>学号</td><td></td><td>日期</td><td>年　月　日</td></tr>
<tr><td>序号</td><td colspan="5">评价要点</td><td>配分 / 分</td><td>得分</td><td>总评 / 分</td></tr>
<tr><td>1</td><td colspan="5">能正确识读和填写工作页，明确学习活动的要求</td><td>10</td><td></td><td rowspan="8">A □（86 ~ 100）
B □（76 ~ 85）
C □（60 ~ 75）
D □（60 以下）</td></tr>
<tr><td>2</td><td colspan="5">能描述汽油机燃料供给系统的作用、分类和组成</td><td>20</td><td></td></tr>
<tr><td>3</td><td colspan="5">能查阅资料，分析汽油机燃料供给系统的工作原理</td><td>10</td><td></td></tr>
<tr><td>4</td><td colspan="5">能对照实物，正确说出汽油机燃料供给系统各组成零部件的名称、作用及安装位置</td><td>15</td><td></td></tr>
<tr><td>5</td><td colspan="5">能查阅资料，明确汽车汽油发动机加速无力故障的检修内容、检修流程及检修方法</td><td>15</td><td></td></tr>
<tr><td>6</td><td colspan="5">能遵守劳动纪律，以积极的态度接受工作任务</td><td>10</td><td></td></tr>
<tr><td>7</td><td colspan="5">能积极参与小组讨论，发挥团队合作精神</td><td>10</td><td></td></tr>
<tr><td>8</td><td colspan="5">能及时完成教师布置的任务</td><td>10</td><td></td></tr>
<tr><td colspan="6">总　分</td><td>100</td><td></td><td></td></tr>
<tr><td>小结
建议</td><td colspan="8"></td></tr>
</table>

学习活动 2　燃油泵的检查与更换

学习目标

1. 能描述汽油机燃油泵的分类、组成和工作原理。

2. 能分析汽油机燃油泵故障的原因，明确汽油机燃油泵故障的检修内容和检修方法。

3. 能规范地完成汽油机燃油泵的检查与更换。

建议学时：4 学时。

学习过程

一、汽油机燃油泵的分类和组成

汽油机燃油泵是燃料供给系统的基本组成部件之一，一般位于油箱内部，在发动机启动和运转时工作。

1. 简述汽油机燃油泵的分类。

汽油机燃油泵分为离心式燃油泵、柱塞式燃油泵、叶片式燃油泵等。

2. 查阅资料，在图 3–2–1 中将汽油机燃油泵组成零部件的名称补充完整。

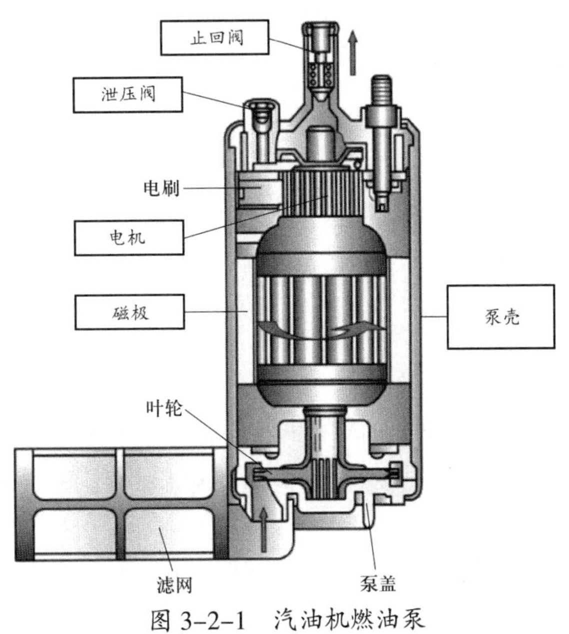

图 3–2–1　汽油机燃油泵

二、汽油机燃油泵的工作原理

1. 查阅资料，将汽油机燃油的供给路线补充完整（图 3–2–2）。

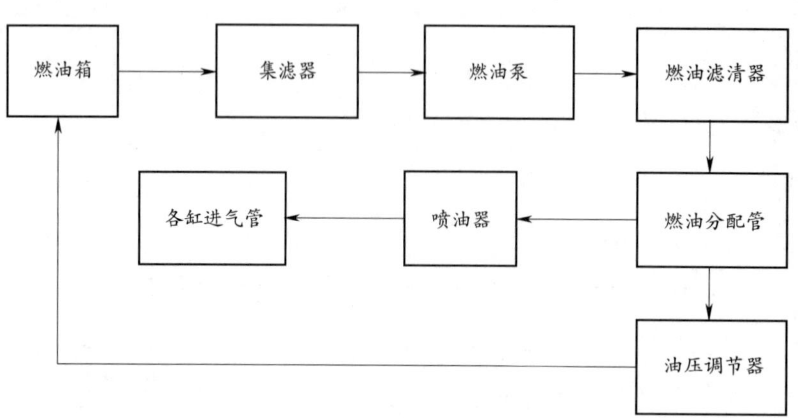

图 3–2–2　汽油机燃油的供给路线

2. 简述汽油机燃油泵的工作原理。

ECU 控制电动机通电带动叶轮旋转，由于离心力的作用，使叶轮周围小槽内的叶片贴紧泵壳，将燃油从进油室带往出油室。由于进油室的燃油不断减少，形成一定的真空度，将燃油从进油口吸入；而出油室燃油不断增多，燃油压力升高，当达到一定值时，燃油从出油口泵出。

三、制订检修方案

1. 查阅资料，回答下列问题。

（1）造成汽油机燃油泵故障的原因有哪些?

1）燃油泵泵膜破裂、漏油。

2）连接线路故障。

（2）汽油机燃油泵出现故障时，应主要从哪些方面对其进行检查？采用什么检修方法?

汽油机燃油泵出现故障时，应主要检查其有无磨损、漏油，连接线路有无断路等。

泵膜破裂时，若不严重，如只是边缘破裂时，可在裂缝处涂抹肥皂后，将各破裂的泵膜与好的泵膜相互隔开再装复。如果泵膜裂缝较长，可用塑料、薄膜等剪成膜片形状，夹在各膜片之间。如果发现汽油从泵膜破裂处流入曲轴箱，已严重稀释曲轴箱中的润滑油时，应更换新的润滑油。如果没有新润滑油时，也可以将曲轴箱中的旧润滑油放出来，进行加热，以便将润滑油中的汽油蒸发，旧润滑油即可暂时继续使用。

对于连接线路故障，可用专用仪表进行检测。

2. 根据具体工作内容，明确小组成员分工，填写表 3–2–1。

表 3–2–1 小组成员分工

姓名	分工

3. 根据要求列出维修所需主要工具及材料清单，填写表 3–2–2。

表 3–2–2 维修所需主要工具及材料清单

序号	工具及材料名称	单位	数量	备注

4. 根据小组分工情况及客户要求，制订具体的维修工序，填写表 3–2–3。

表 3–2–3 维修工序安排

序号	维修工序内容	备注

四、检查与更换汽油机燃油泵

1. 检查汽油机燃油泵

（1）将点火开关关闭 10 s 以上再转至“ON”位置，检查燃油泵是否有故障。若燃油泵及其电路无故障，在油箱处应能听到燃油泵工作的声音（图 3-2-3）。

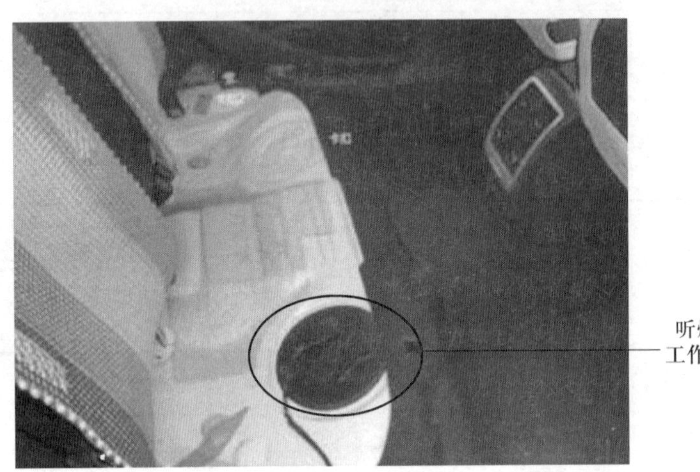

图 3-2-3　在油箱处听燃油泵工作的声音

（2）关闭点火开关，使发动机熄火，检查燃油泵是否有故障。

对诊断座上带有燃油泵测试端子的汽车，可采用如下方法检查燃油泵。

1）用专用导线将诊断座上的燃油泵测试端子跨接到 12 V 电源上，如丰田车系诊断座上有 +B 端子（电源端子）和 FP 端子（燃油泵测试端子），将两端子跨接即可。也可以拆开燃油泵的线束连接器，直接用蓄电池给燃油泵通电。

2）将点火开关转至“ON”位置，但不要启动发动机。

3）拧开油箱盖，此时应能听到燃油泵工作的声音，或用手捏进油管，应感觉有压力。

4）若听不到燃油泵工作的声音或感觉不到进油管有压力，应检修或更换该燃油泵。

5）若按上述方法检查均正常，应检查燃油泵电路导线、继电器和熔体有无故障，如图 3-2-4 所示。

图 3-2-4　检查继电器和熔体等

查阅资料，回答下列问题。

（1）简述用数字式万用表检查汽油机燃油泵故障的流程。

数字式万用表主要用于检测线路通断，重点用于检测线路中燃油泵继电器的故障。

ECU 控制的电动燃油泵通常采用四脚继电器，四脚继电器中有两只引脚接继电器的电磁线圈，另外两只引脚接继电器的常开触点。用万用表欧姆挡测量，继电器电磁线圈两引脚之间应能导通，常开触点两引脚之间应不导通。在其接电磁线圈的两引脚上施加 12 V 电压，同时用万用表欧姆挡测量常开触点两引脚之间应能导通。若测量结果不符合要求，应更换燃油泵继电器。

（2）当燃油泵正常运转，但依然存在供油压力不足的现象时，其原因有哪些？

1）高压油泵内部堵塞或油压调节器工作异常。

2）冷启动电磁阀卡死在常开位置。

3）喷油器损坏，造成回油量过大，或燃油大量泄入气缸。

4）低压油路存在弯曲、堵塞等，造成供油不畅。

5）压力传感器信号错误。

6）燃油泵泵轮损坏。

2. 更换汽油机燃油泵

根据表 3-2-4 的操作规范，完成汽油机燃油泵的更换。

表 3-2-4　更换汽油机燃油泵

序号	操作图示	作业要领	完成情况
1		准备好拆卸燃油泵的工具，将车辆置于室内水平地面上，将点火开关转至“OFF”位置，拉好驻车制动器	完　成□ 未完成□
2		拆下汽车后排座位的坐垫	完　成□ 未完成□

续表

序号	操作图示	作业要领	完成情况
3		用工具慢慢地拆卸后检修孔盖（由于孔盖下连着线束，拆卸时应轻轻撬起）	完　成□ 未完成□
4	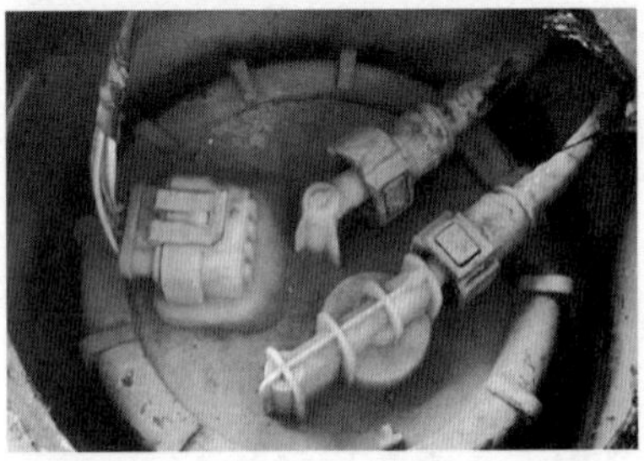	将电缆从蓄电池负极端子断开，拔下的油管应用保鲜膜包住，以防进入杂物，并记住其原始安装位置	完　成□ 未完成□
5		清洁燃油泵总成上部及边缘（有很多污垢，可以用抹布擦洗干净）	完　成□ 未完成□
6		断开燃油泵线束，用头部缠有保护胶带的旋具拧开两个卡爪，拆下 1 号吸油管支架，断开燃油泵滤清器软管，向下取出燃油泵，并把燃油泵放置在干净的零件盘中	完　成□ 未完成□
7	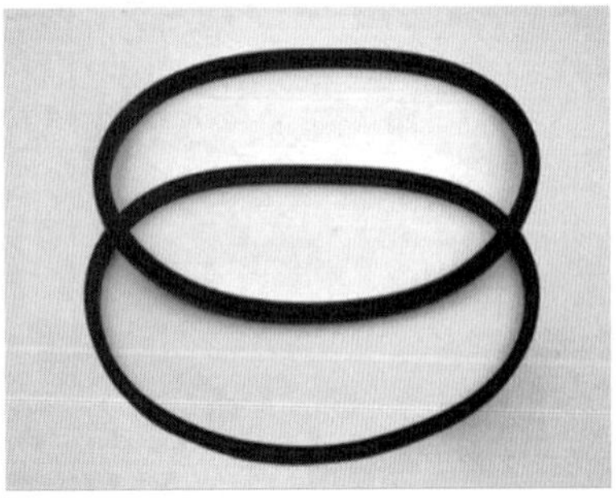	用手按压下端锁止扣，拆下燃油泵密封垫圈	完　成□ 未完成□
8	—	按与拆卸相反的步骤安装新的燃油泵	完　成□ 未完成□

简述更换汽油机燃油泵的安全注意事项。

（1）更换汽油机燃油泵之前，应关闭发动机，断开蓄电池，以免线路短路产生火花。

（2）应在无烟火环境中进行操作。

五、学习过程评价

学习过程评价见表 3–2–5。

表 3–2–5　　学习过程评价表

班级		姓名		学号		日期	年　月　日
序号	评价要点				配分 / 分	得分	总评 / 分
1	能正确识读和填写工作页，明确学习活动的要求				10		A □（86 ~ 100） B □（76 ~ 85） C □（60 ~ 75） D □（60 以下）
2	能描述汽油机燃油泵的分类和组成				10		
3	能查阅资料，分析汽油机燃油泵的工作原理				10		
4	能查阅资料，分析汽油机燃油泵故障的原因，明确汽油机燃油泵故障的检修内容和检修方法				10		
5	能规范地完成汽油机燃油泵的检查				15		
6	能规范地完成汽油机燃油泵的更换				15		
7	能遵守劳动纪律，以积极的态度接受工作任务				10		
8	能积极参与小组讨论，发挥团队合作精神				10		
9	能及时完成教师布置的任务				10		
总　分					100		
小结建议							

学习活动3　空气滤清器的检查与更换

学习目标

1. 能描述空气滤清器的作用、分类和组成。
2. 能描述空气滤清器的清洁和保养方法。
3. 能描述空气滤清器滤芯的选用方法。
4. 能分析空气滤清器工作不良的原因，明确空气滤清器故障的检修内容和检修方法。
5. 能规范地完成空气滤清器的检查与更换。

建议学时：4学时。

学习过程

一、空气滤清器的作用、分类和组成

1. 简述空气滤清器的作用。

汽车空气滤清器是负责清除空气中的微粒杂质的装置。如果吸入的空气中含有灰尘等杂质，将加剧零件的磨损，所以必须装设空气滤清器。

2. 简述空气滤清器的分类。

空气滤清器分为过滤式、离心式、油浴式和复合式等。

3. 查阅资料，在图 3-3-1 中写出空气滤清器各组成零部件的名称。

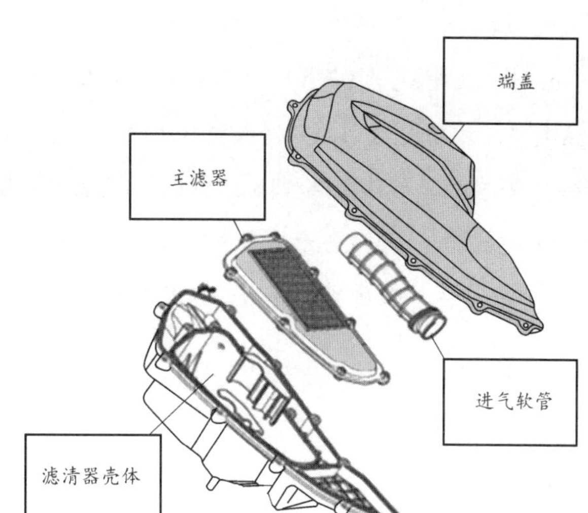

图 3-3-1　空气滤清器的结构

二、空气滤清器的清洁和保养方法

1. 简述空气滤清器的清洁方法。

松开滤清器锁扣，卸下固定滤芯的螺母，取下端盖后拔出滤芯。取出滤芯时要注意防止杂质掉入化油器内。用抹布蘸汽油擦拭空气滤清器壳内、外部。检查滤芯污染的程度并进行清洁。当滤芯积存为干燥的灰尘时，可用压力不高于 500 kPa 的压缩空气，从滤芯内侧开始，上下均匀地沿斜角方向吹净滤芯内、外表面的灰尘。如果没有压缩空气，可用旋具柄轻轻敲打滤芯，再用毛刷刷净外部污垢。操作时，不得用大力敲打或碰撞滤芯。在清洁时，如果发现滤芯损坏，应更换滤芯。正常使用的纸质滤芯应按规定时间间隔更换。

2. 简述空气滤清器的保养方法。

根据车辆的保养周期，在正常路况下，空气滤清器应每 5 000 km 左右清洗保养一次。在空气质量较差的地区，保养间隔里程也要相应缩短，建议每 3 000 km 清洗保养一次。汽车行驶 20 000 km 时，一般需更换空气滤清器。

三、空气滤清器滤芯的选用

如何选用空气滤清器滤芯？选用要求是什么？

空气滤清器滤芯应根据过滤介质特性、过滤流量、压力和温度、过滤要求及过滤级别等进行选用。

（1）过滤介质特性。根据过滤介质是液体还是气体，选择滤膜材料或密封材料。过滤水溶液一般用亲水膜，过滤有机溶剂和空气可以选用疏水膜。

（2）过滤流量。根据生产工艺提供的通量来考虑滤清器大小和滤芯数量。一般来说滤芯（10 英寸）的流量为 0.5 吨 / 小时（过滤水的通量），如要达到 1.0 T 的通量，可以选用一芯 30 英寸的滤清器，适量留一些余量。因为随着过滤的进行，杂质在滤膜表层积累，会导致通量下降，如果选用一芯 20 英寸的滤清器，有可能达不到要求。

（3）压力、温度。根据过滤时的过滤温度、压力高低等来确定合适的滤清器滤芯。一般的滤芯最高工作温度为 80~90 ℃，活性炭纤维滤芯为 65 ℃，不锈钢折叠滤芯为 200 ℃，钛烧结滤芯可达 280 ℃。微孔膜折叠滤芯最大压力为 0.42 MPa/ 正向，钛烧结滤芯为 0.5 MPa，不锈钢折叠滤芯为 0.6 MPa。

（4）过滤要求。过滤要求主要指过滤需要达到的程度或精度（除菌、除颗粒要求）。深层膜过滤和绝对膜过滤两者的过滤效率是不一样的，如除菌一般选择绝对精度 0.2 μm，去除可见颗粒选择相对精度 10~20 μm。

（5）过滤级别。根据过滤液的污染程度、杂质含量多少来选择预过滤器及确认要几级过滤，预过滤的目的是延长终端过滤器的使用寿命，降低成本。预过滤器设计好坏影响终端过滤器的效果和使用寿命。

四、制订检修方案

1. 查阅资料，回答下列问题。

（1）造成空气滤清器工作不良的原因有哪些?

1）空气滤清器滤芯积尘过多。

2）因空气潮湿导致滤芯板结。

3）因积水导致滤芯堵塞。

（2）空气滤清器出现故障时，应主要从哪些方面对其进行检查？采用什么检修方法?

空气滤清器出现故障时，主要检查滤芯有无板结现象或积尘、积水等。

检修方法：定期清洗空气滤清器和滤芯；若出现板结或积水，应及时更换。

2. 根据具体工作内容，明确小组成员分工，填写表 3–3–1。

表 3–3–1　　小组成员分工

姓名	分工

3. 根据要求列出维修所需主要工具及材料清单，填写表 3–3–2。

表 3–3–2　　维修所需主要工具及材料清单

序号	工具及材料名称	单位	数量	备注

4. 根据小组分工情况及客户要求，制订具体的维修工序，填写表 3–3–3。

表 3–3–3　　维修工序安排

序号	维修工序内容	备注

五、检查与更换空气滤清器

根据表 3–3–4 的操作规范，完成空气滤清器的检查与更换。

表 3–3–4　　检查与更换空气滤清器

序号	操作图示	作业要领	完成情况
1	空气滤清器	在汽车上找到空气滤清器。不同车型空气滤清器的安装位置有所不同，大多数都安装在发动机附近，可以参考汽车使用说明或保养手册	完　成□ 未完成□
2		拆下空气滤清器盖，取出空气滤清器滤芯并清洁发动机进气软管。注意清洁时应防止灰尘等进入发动机进气软管	完　成□ 未完成□

续表

序号	操作图示	作业要领	完成情况
3		检查空气滤清器滤芯有无损坏，若无损坏，则擦拭干净滤芯后，将其装回；若损坏，则进行更换	完　成□ 未完成□
4	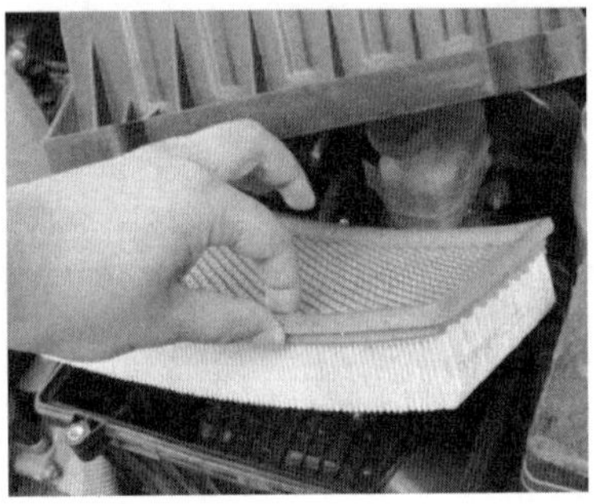	更换同型号的新的空气滤清器滤芯，应选用正规厂家的产品，并具备合格证。安装时注意方向，并压紧到位	完　成□ 未完成□
5		装回空气滤清器盖（有的车辆采用的是卡扣连接，有的是采用小螺栓连接），空气滤清器盖装好后应紧密、无缝隙	完　成□ 未完成□

如果一辆长途汽车长时间不更换空气滤清器，会有哪些影响?

（1）长时间不更换滤芯，会导致其过滤效果下降。空气中的细小灰尘会通过进气管路进入发动机燃烧室进行燃烧，造成发动机气缸磨损严重。

（2）汽油燃烧不充分，节气门积碳增多，导致车辆怠速不稳定、排气管冒黑烟、发动机抖动异常等。

（3）由于滤芯表面吸附过多杂质，容易造成堵塞，使发动机进气量不足。

六、学习过程评价

学习过程评价见表 3–3–5。

表 3–3–5　　学习过程评价表

<table>
<tr><td>班级</td><td></td><td>姓名</td><td></td><td>学号</td><td></td><td>日期</td><td>年　月　日</td></tr>
<tr><td>序号</td><td colspan="5">评价要点</td><td>配分 / 分</td><td>得分</td><td>总评 / 分</td></tr>
<tr><td>1</td><td colspan="5">能正确识读和填写工作页，明确学习活动的要求</td><td>10</td><td></td><td rowspan="9">A □（86 ~ 100）
B □（76 ~ 85）
C □（60 ~ 75）
D □（60 以下）</td></tr>
<tr><td>2</td><td colspan="5">能描述空气滤清器的作用、分类和组成</td><td>10</td><td></td></tr>
<tr><td>3</td><td colspan="5">能描述空气滤清器的清洁和保养方法</td><td>5</td><td></td></tr>
<tr><td>4</td><td colspan="5">能描述空气滤清器滤芯的选用方法</td><td>5</td><td></td></tr>
<tr><td>5</td><td colspan="5">能查阅资料，分析空气滤清器不工作的原因，明确空气滤清器故障的检修内容和检修方法</td><td>10</td><td></td></tr>
<tr><td>6</td><td colspan="5">能规范地完成空气滤清器的检查与更换</td><td>30</td><td></td></tr>
<tr><td>7</td><td colspan="5">能遵守劳动纪律，以积极的态度接受工作任务</td><td>10</td><td></td></tr>
<tr><td>8</td><td colspan="5">能积极参与小组讨论，发挥团队合作精神</td><td>10</td><td></td></tr>
<tr><td>9</td><td colspan="5">能及时完成教师布置的任务</td><td>10</td><td></td></tr>
<tr><td colspan="6">总　分</td><td>100</td><td></td><td></td></tr>
<tr><td>小结
建议</td><td colspan="8"></td></tr>
</table>

学习活动 4　燃油供给系统压力的检测

学习目标

1. 能描述汽油机燃油供给系统压力的检测条件和检测方法。

2. 能分析汽油机燃油供给系统压力异常的原因，明确汽油机燃油供给系统压力异常的检修方法。

3. 能规范地完成汽油机燃油供给系统压力的检测。

建议学时：4 学时。

学习过程

一、汽油机燃油供给系统压力的检测条件和检测方法

汽油机燃油供给系统（图 3-4-1）是汽车发动机在不同工况下，源源不断地向汽车提供燃油的一个重要装置。燃油压力过高会导致发动机怠速高、燃油燃烧不充分、动力不足、排气管冒黑烟甚至着火。燃油压力过低会使发动机工况变差、怠速不稳、加速无力甚至抖动。

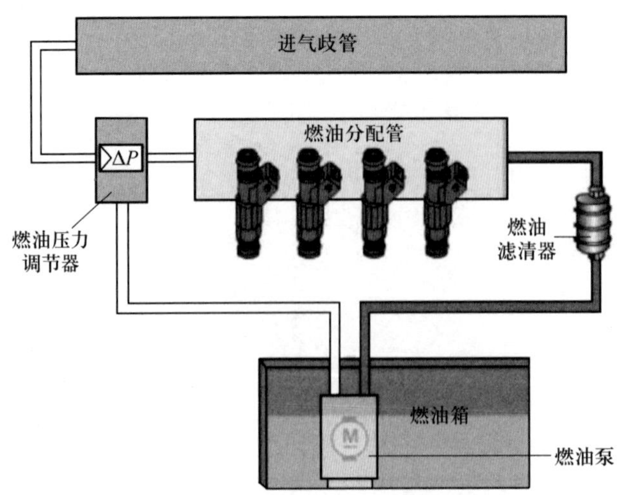

图 3-4-1　汽油机燃油供给系统

1. 什么情况下需要进行汽油机燃油供给系统压力的检测?

在维修汽车故障时（包括发动机不易启动、怠速不稳、油耗增大等），进行燃油压力检测可以诊断燃油系统是否有故障，进而根据检测结果确定故障性质和部位。

2. 简述汽油机燃油供给系统压力的检测方法。

（1）经验检查法

在电动燃油泵工作时，用手捏住输油软管，通过其张力的大小判断燃油压力是否正常。经验检查法虽简单，但准确性较差。

（2）油压表检查法

1）卸掉燃油系统压力。拔下燃油泵熔断器、继电器或燃油泵插头，再启动发动机，直至发动机自行熄火后，再次启动发动机 2~3 次，拆下蓄电池负极。

2）将燃油压力表串接在进油管中，带测压口的车辆将燃油压力表连接到测压口上，即可测量油压。在拆卸进油管时要用毛巾或棉布垫在进油管接口下，以防止燃油泄漏在地上。

二、制订检修方案

1. 查阅资料，回答下列问题。

（1）简述造成汽油机燃油供给系统压力过低的原因及其处理方法。

1）高压油泵内部堵塞或燃油压力调节器工作异常。处理方法：更换。

2）喷油器损坏，造成回油量过大，或燃油大量泄入气缸。处理方法：更换。

3）低压油路存在弯曲、堵塞，造成供油不畅。处理方法：检修油路。

4）电动燃油泵损坏。处理方法：更换。

（2）简述造成汽油机燃油供给系统压力过高的原因及其处理方法。

造成汽油机燃油供给系统压力过高的原因主要有机油黏度过大及机油滤清器故障，机油泵限压阀、回油阀和安全阀故障，主轴承或连杆轴承间隙过小等。

首先查看机油黏度是否过大，可用手感法加以判断。其次检查机油滤清器滤芯，看其是否过脏，必要时予以更换。

若系统压力仍过高，则应检查机油泵限压阀、回油阀及安全阀的弹簧压力，必要时予以更换。

若为主轴承或连杆轴承间隙过小，应重新进行装配，并严格进行磨合。完成磨合投入使用的初期，应避免重负荷尤其是超负荷作业。

2. 根据具体工作内容，明确小组成员分工，填写表 3-4-1。

表 3-4-1 小组成员分工

姓名	分工

3. 根据要求列出维修所需主要工具及材料清单，填写表 3-4-2。

表 3-4-2 维修所需主要工具及材料清单

序号	工具及材料名称	单位	数量	备注

4. 根据小组分工情况及客户要求，制订具体的维修工序，填写表 3-4-3。

表 3-4-3 维修工序安排

序号	维修工序内容	备注

三、检测汽油机燃油供给系统的压力

汽油机燃油供给系统分为全回油系统和半回油系统两种类型。全回油系统有回油管路，半回油系统没有回油管路。一般全回油系统需检测静态油压（打开点火开关时的油压，一般为 280 kPa）、怠速油压（约 250 kPa）、最大油压（约 750 kPa）、调节油压（约 300 kPa）和残余油压（约 150 kPa）。半回油系统只需检测静态油压、怠速油压和残余油压（约 3 MPa）。

1. 根据表 3-4-4 的操作规范，完成燃油供给系统压力的检测。

表 3-4-4　　检测燃油供给系统压力

序号	操作图示	作业要领	完成情况
1		卸压。先拔下燃油泵熔断器、继电器或燃油泵插头，再启动发动机，直至发动机自行熄火后，再次启动发动机 2 ~ 3 次，然后拆下蓄电池负极接线	完　成□ 未完成□
2		安装燃油压力表。将燃油压力表串接在进油管上（带测压口的车辆将燃油压力表连接到测压口上）。在拆卸进油管时要用毛巾或棉布垫在进油管接口下，以防止燃油泄漏到地上	完　成□ 未完成□
3		根据燃油供给系统的类型检测相应的油压，并进行数据记录 静态油压：__________ 怠速油压：__________ 最大油压：__________ 调节油压：__________ 残余油压：__________	完　成□ 未完成□

（1）为什么在检测燃油供给系统压力时要先卸压?

因为燃油供给系统在上一次熄火时会保持一定的压力，以便下一次启动时能顺利启动。虽然发动机处于熄火状态，但燃油供给系统的压力尚处于保持状态。所以，在检测燃油供给系统压力时要先卸压。

（2）如何选用燃油压力表？在使用燃油压力表前应对其做哪些检查?

主要从量程和类型两方面选用燃油压力表。

量程选择：在测稳定压力时，一般压力表最大量程选择接近或大于正常压力测量值的 1.5 倍；在测脉动压力时，一般压力表最大量程选择接近或大于正常压力测量值的 2 倍；在测泵出口压力时，一般压力表最大量程选择接近泵出口最大压力值；在测高压压力时，一般压力表最大量程选择大于最大压力测量值的 1.7 倍；为了保证压力测量精度，最小压力测量值应大于压力表测量量程的 1/3。

类型选择：测压 >0.4 MPa 时，可选用弹簧管压力表。测压 <0.04 MPa 时，可选用波纹管和膜盒压力表。高压压力表（大于 10 MPa）应有泄压安全设施。

使用燃油压力表应注意以下事项：

1）在通风良好的环境下进行燃油压力的检测。

2）在接燃油压力表之前必须拆下蓄电池负极接线和泄放燃油压力，同时在车前 1 m 范围内放置灭火器。

3）确保燃油压力表接好，尝试着车几秒钟，检查燃油压力表各接头应无泄漏，否则应更换接头，重新接上燃油压力表，在确定没有燃油泄漏的情况下才能检测燃油压力。

（3）在对高压部分进行检测时，有哪些安全注意事项?

1）保持通风，防止火源，准备好消防设施。

2）在拆卸燃油管之前要先卸压。

2. 根据燃油供给系统压力的检测结果，采取相应的方法进行检修，排除燃油供给系统压力异常故障，并记录检修过程中遇到的问题。

四、学习过程评价

学习过程评价见表 3-4-5。

表 3-4-5　　学习过程评价表

<table>
<tr><td>班级</td><td></td><td>姓名</td><td></td><td>学号</td><td></td><td>日期</td><td>年　月　日</td></tr>
<tr><td>序号</td><td colspan="4">评价要点</td><td>配分 / 分</td><td>得分</td><td>总评 / 分</td></tr>
<tr><td>1</td><td colspan="4">能正确识读和填写工作页，明确学习活动的要求</td><td>10</td><td></td><td rowspan="7">A □（86 ~ 100）
B □（76 ~ 85）
C □（60 ~ 75）
D □（60 以下）</td></tr>
<tr><td>2</td><td colspan="4">能描述汽油机燃油供给系统压力的检测条件和检测方法</td><td>10</td><td></td></tr>
<tr><td>3</td><td colspan="4">能查阅资料，分析汽油机燃油供给系统压力异常的原因，明确汽油机燃油供给系统压力异常的检修方法</td><td>20</td><td></td></tr>
<tr><td>4</td><td colspan="4">能规范地完成汽油机燃油供给系统压力的检测</td><td>30</td><td></td></tr>
<tr><td>5</td><td colspan="4">能遵守劳动纪律，以积极的态度接受工作任务</td><td>10</td><td></td></tr>
<tr><td>6</td><td colspan="4">能积极参与小组讨论，发挥团队合作精神</td><td>10</td><td></td></tr>
<tr><td>7</td><td colspan="4">能及时完成教师布置的任务</td><td>10</td><td></td></tr>
<tr><td colspan="5">总　分</td><td>100</td><td></td><td></td></tr>
<tr><td>小结
建议</td><td colspan="7"></td></tr>
</table>

学习活动 5　节气门的检查与清洗

学习目标

1. 能描述节气门的分类和特点。

2. 能描述节气门及其控制机构的组成。

3. 能分析节气门积碳过多的原因，明确节气门故障的检修内容和检修方法。

4. 能规范地完成节气门的检查与清洗。

建议学时：4 学时。

学习过程

一、节气门的分类和特点

节气门（图 3–5–1）是控制混合气进入发动机的一道可控阀门，气体进入进气管后会和汽油混合变成可燃混合气，从而燃烧形成做功。它上接空气滤清器，下接发动机缸体，被视为汽车发动机的“咽喉”。

图 3–5–1　节气门

简述节气门的分类及其特点。

节气门有传统拉线式和电子式两种，传统拉线式节气门操纵机构是通过拉索（软钢丝）或者拉杆，一端连接加速踏板，另一端连接节气门连动板而工作。电子式节气门主要通过节气门位置传感器，根据加速踏板的位置，控制节气门的开启角度，从而调节进气量的大小。

二、节气门及其控制机构的组成

1. 节气门的组成

查阅资料，在图 3-5-2 中写出节气门各组成零部件的名称。

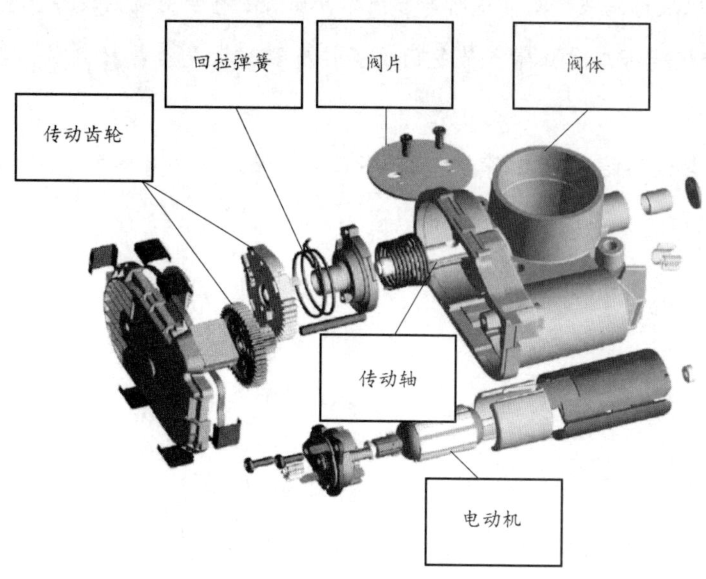

图 3-5-2　节气门的结构

2. 节气门控制机构的组成

查阅资料，在图 3-5-3 中写出节气门控制机构各组成零部件的名称。

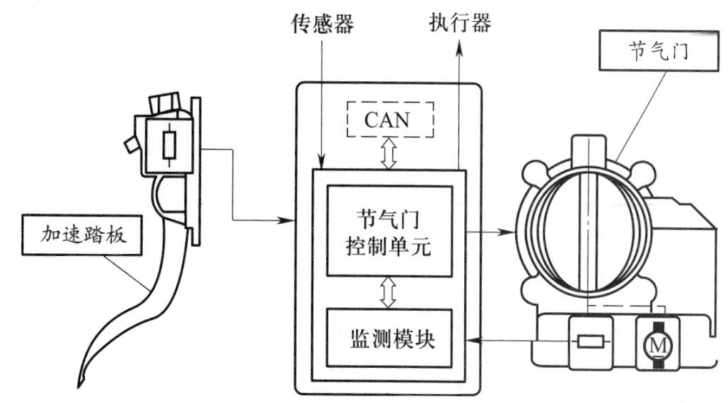

图 3-5-3　节气门控制机构的结构

三、制订检修方案

1. 查阅资料，回答下列问题。

(1) 造成节气门积碳过多的原因有哪些?

造成节气门积碳过多的原因有因燃油质量差、空气质量差等引起的燃油燃烧不完全；气门油封漏油，导致回收系统故障吸油；发动机机油故障、气缸压力问题等。

（2）节气门出现故障时，应主要从哪些方面对其进行检查？采用什么检修方法？

节气门出现故障时，应主要检查其是否损坏、是否有积碳、连接线路是否有故障等。

具体检修方法如下。

1）用故障诊断仪读取故障码来检测节气门是否损坏。如果没有专用检测设备，也可用万用表检测。

2）目视检查加速踏板是否工作正常，节气门位置传感器线束是否接插到位，供电和搭铁连接是否到位。

3）用万用表检测连接线路是否存在断路、压降不正常等现象，检测节气门位置传感器不同开度的电压是否正常。

4）节气门有积碳时，应对其进行清洗。

2. 根据具体工作内容，明确小组成员分工，填写表 3–5–1。

表 3–5–1 小组成员分工

姓名	分工

3. 根据要求列出维修所需主要工具及材料清单，填写表 3–5–2。

表 3–5–2 维修所需主要工具及材料清单

序号	工具及材料名称	单位	数量	备注

4. 根据小组分工情况及客户要求，制订具体的维修工序，填写表 3–5–3。

表 3–5–3　　维修工序安排

序号	维修工序内容	备注

四、检查与清洗节气门

由于进气道内较冷，混合气易凝结在节气门和进气道内壁上，形成积碳。因此，应对节气门进行清洗。清洗后的节气门能够恢复对发动机进气量的精准控制，发动机便不会出现异常抖动。

根据表 3–5–4 的操作规范，完成节气门的检查与清洗。

表 3–5–4　　检查与清洗节气门

序号	操作图示	作业要领	完成情况
1		拆下节气门上方的进气管	完　成□ 未完成□
2		断开节气门线束连接器	完　成□ 未完成□

续表

序号	操作图示	作业要领	完成情况
3		拆下节气门，将进气道盖好，以免进入灰尘	完　成□ 未完成□
4		检查节气门上是否有积碳，若有，则进行清洗	完　成□ 未完成□
5		清洗节气门。准备一块干净的毛巾以及节气门清洗剂，擦拭节气门，直到积碳完全清除	完　成□ 未完成□
6		清洗完成后按与拆卸相反的步骤安装节气门	完　成□ 未完成□

清洗节气门的过程中，有哪些注意事项？

在清洗节气门时，要先拆掉蓄电池负极连接线，关闭点火开关，拆除进气管，露出节气门，把节气门翻板扳直，往节气门内喷少量化油器清洗剂，然后用涤纶抹布小心擦洗节气门深处，手够不着的地方可以用夹子夹住抹布小心擦洗。

拓展训练

节气门故障判别

可通过以下方法进行节气门故障判别。

1. 直接读取数据

将故障诊断仪接到诊断座上，然后启动发动机。节气门位置传感器 1 的开度正常值为 3% ~ 93%，节气门位置传感器 2 的开度正常值为 3% ~ 97%，节气门位置传感器 3 的开度正常值为 12% ~ 97%，节气门位置传感器 4 的开度正常值为 4% ~ 49%。如果测量数值达不到以上范围，说明节气门出现故障，此时要对其进行检查和修理，避免因节气门损坏而影响汽车的正常使用。

2. 检测节气门位置传感器的电压

当节气门全部开启时，其位置传感器的电压为 5 V 左右。当节气门关闭时，其位置传感器的电压为 0.5 V 左右。

3. 检测供电电压

断开节气门位置传感器的连接器插头后，打开点火开关，测量节气门的供电电压，正常为 4.5 ~ 5.5 V。

4. 检测电阻

电源端子和怠速触点之间的电阻一般为 1.5 ~ 2.6 Ω。电源端子和信号端子之间的电阻一般为 0.75 ~ 1.3 Ω。

图 3-5-4 所示为用故障诊断仪检测节气门故障。

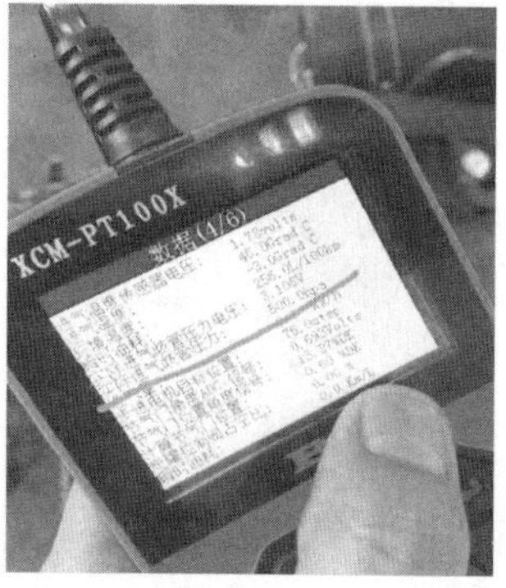

图 3-5-4　用故障诊断仪检测节气门故障

五、学习过程评价

学习过程评价见表 3-5-5。

表 3-5-5 学习过程评价表

<table>
<tr><td>班级</td><td></td><td>姓名</td><td></td><td>学号</td><td></td><td>日期</td><td>年　月　日</td></tr>
</table>

<table>
<tr><td>序号</td><td>评价要点</td><td>配分 / 分</td><td>得分</td><td>总评 / 分</td></tr>
<tr><td>1</td><td>能正确识读和填写工作页，明确学习活动的要求</td><td>10</td><td></td><td rowspan="8">A □（86 ~ 100）
B □（76 ~ 85）
C □（60 ~ 75）
D □（60 以下）</td></tr>
<tr><td>2</td><td>能描述节气门的分类和特点</td><td>10</td><td></td></tr>
<tr><td>3</td><td>能描述节气门及其控制机构的组成</td><td>10</td><td></td></tr>
<tr><td>4</td><td>能查阅资料，分析节气门积碳过多的原因，明确节气门故障的检修内容和检修方法</td><td>10</td><td></td></tr>
<tr><td>5</td><td>能规范地完成节气门的检查与清洗</td><td>30</td><td></td></tr>
<tr><td>6</td><td>能遵守劳动纪律，以积极的态度接受工作任务</td><td>10</td><td></td></tr>
<tr><td>7</td><td>能积极参与小组讨论，发挥团队合作精神</td><td>10</td><td></td></tr>
<tr><td>8</td><td>能及时完成教师布置的任务</td><td>10</td><td></td></tr>
<tr><td colspan="2">总　分</td><td>100</td><td></td><td></td></tr>
<tr><td>小结
建议</td><td colspan="4"></td></tr>
</table>

学习活动 6　喷油器的检查与清洗

学习目标

1. 能描述汽油机喷油器的作用和分类。

2. 能描述汽油机喷油器及其控制机构的组成。

3. 能分析汽油机喷油器喷油不良的原因，明确汽油机喷油器故障的检修内容和检修方法。

4. 能规范地完成汽油机喷油器的检查与清洗。

建议学时：4 学时。

学习过程

一、汽油机喷油器的作用和分类

1. 简述汽油机喷油器的作用。

（1）提高油压（定压）：将喷油压力提高到 10 ~ 20 MPa。

（2）控制喷油时间（定时）：按规定的时间喷油和停止喷油。

（3）控制喷油量（定量）：根据汽油机的工作情况，改变喷油量，以调节汽油机的转速和功率。

2. 简述汽油机喷油器的分类。

汽油机喷油器可以分为轴针式电磁喷油器、球阀式电磁喷油器、片阀式电磁喷油器和下部进油的喷油器等类型。

二、汽油机喷油器及其控制机构的组成

1. 汽油机喷油器的组成

查阅资料，在图 3-6-1 中写出汽油机喷油器各组成零部件的名称。

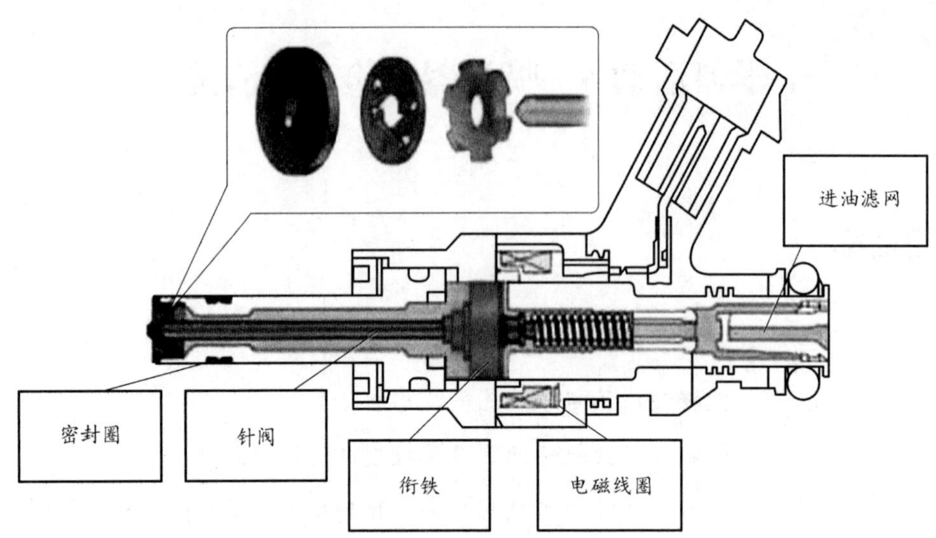

图 3-6-1　汽油机喷油器的结构

2. 汽油机喷油器控制机构的组成

查阅资料，在图 3-6-2 中写出汽油机喷油器控制机构各组成零部件的名称。

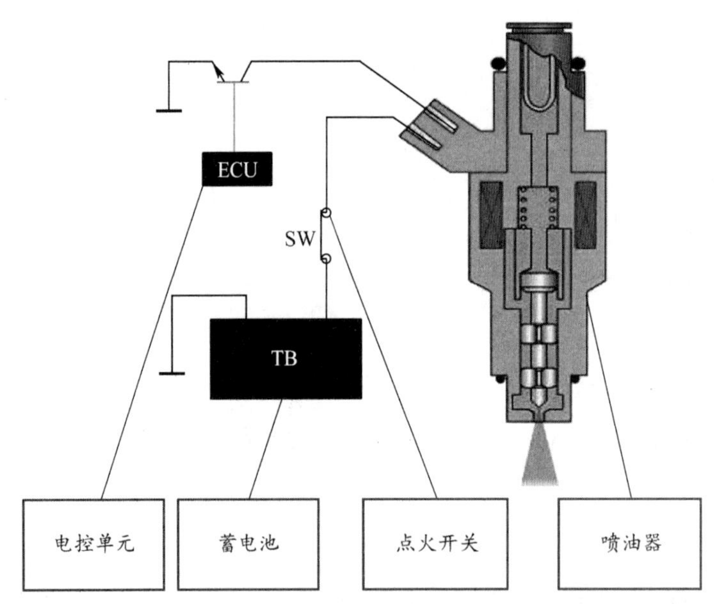

图 3-6-2　汽油机喷油器控制机构的结构

三、制订检修方案

1. 查阅资料，回答下列问题。

（1）造成汽油机喷油器喷油不良的原因有哪些?

造成汽油机喷油器喷油不良的原因有喷油器阀芯卡滞、喷油器阻塞及泄漏以及连接线路故障等。

导致喷油器阀芯卡滞的主要原因是使用了劣质汽油（劣质汽油中含有石蜡和胶质）。

喷油器阻塞故障可分为喷油器内部阻塞和喷油器头部外部阻塞。喷油器内部阻塞的原因多是汽油中混入

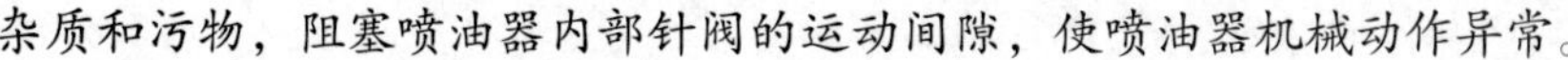

杂质和污物，阻塞喷油器内部针阀的运动间隙，使喷油器机械动作异常。

喷油器泄漏故障一般分为内部泄漏和外部泄漏两种情况。喷油器内部泄漏的原因多是其在使用中早期磨损，造成其在系统压力的作用下，不断向进气歧管内泄漏燃油。喷油器外部泄漏多发生在喷油器和燃油分配管连接处，多是密封面密封不严造成的。

（2）汽油机喷油器出现故障时，应主要从哪些方面对其进行检查？采用什么检修方法？

汽油机喷油器出现故障时，应主要检查其喷射压力、雾化程度、有无燃油泄漏和积碳等。

主要检修方法如下。

1）使用专用设备检测。把喷油器拆下，放到喷油器试验台检测。若检测的喷射压力达不到相应的技术标准，喷油器的雾化程度不好，有滴油或泄漏等现象，而且经过清洗和调整无法恢复，必须更换喷油器。

2）观察喷油器喷嘴有无积碳，若有，说明其性能不良，应清洗或更换。

2. 根据具体工作内容，明确小组成员分工，填写表 3–6–1。

表 3–6–1　　小组成员分工

姓名	分工

3. 根据要求列出维修所需主要工具及材料清单，填写表 3–6–2。

表 3–6–2　　维修所需主要工具及材料清单

序号	工具及材料名称	单位	数量	备注

4. 根据小组分工情况及客户要求，制订具体的维修工序，填写表 3–6–3。

表 3–6–3　维修工序安排

序号	维修工序内容	备注

四、检查与清洗汽油机喷油器

1. 检查汽油机喷油器

（1）通过发动机冷机启动的难易程度和启动后的尾气颜色可判断喷油器的好坏。发动机冷机启动困难，启动后的尾气颜色为白色或黑色，若供油角度和气缸压力正常，喷油器和高压油泵故障的可能性大。

（2）需进一步判断哪一个缸的喷油器故障时，可以采用断缸试验法。发动机启动后，保持一个稳定的转速，然后逐一松开高压油管，即断开某一个缸的供油线路，观察发动机的转速是否有变化，若无变化，则对应缸的喷油器有故障。

（3）若发现润滑油变稀、润滑油有汽油味，很多时候也和喷油器故障有关。

2. 清洗汽油机喷油器

根据表 3–6–4 的操作规范，完成汽油机喷油器的拆卸与清洗。

表 3–6–4　拆卸与清洗汽油机喷油器

序号	操作图示	作业要领	完成情况
1		拆掉发动机护罩	完　成□ 未完成□

续表

序号	操作图示	作业要领	完成情况
2		卸下进气管，注意不要损坏卡箍	完　成□ 未完成□
3		拔下4个喷油器的供电插头（按下接口上的卡扣就可以拔下），注意不可用蛮力。节气门和怠速电动机的供电插头也应一并拔下	完　成□ 未完成□
4	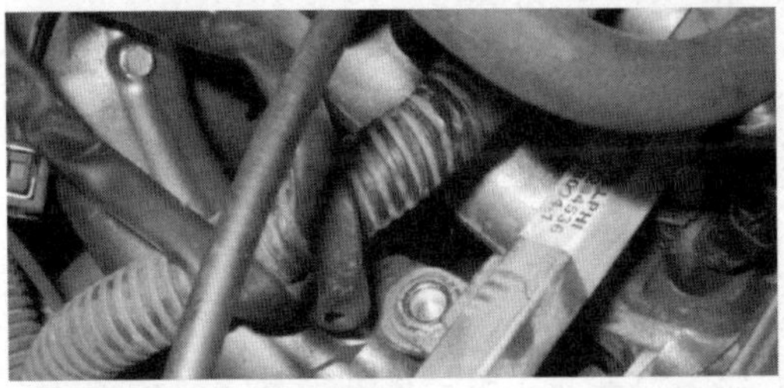	拧下喷油器总成固定螺钉	完　成□ 未完成□
5		将总成拆卸下来，取出喷油器	完　成□ 未完成□
6		检查喷油器是否有积碳，若有积碳，应清洗喷油器	完　成□ 未完成□

续表

序号	操作图示	作业要领	完成情况
7		使用专用清洗工具清洗喷油器	完 成□ 未完成□
8		清洗喷油器至具有良好的雾化效果。若个别喷油器经过清洗仍无法恢复性能（雾化不好、滴油或渗漏），则更换该喷油器	完 成□ 未完成□
9		清洗完成后按与拆卸相反的步骤安装喷油器	完 成□ 未完成□

（1）简述安装汽油机喷油器的注意事项。

1）喷油器的拆装必须按一定的顺序，并使用专用工具，不允许敲打和随意拆装喷油器；维修与保养喷油器时应将其放置在干净的地方，以免杂质侵入。

2）不要磕碰喷油器，以免使其变形。高精度的针阀和喷油器应成对放置，不要装错。

3）装配时必须做到油净、手净、场地净、工具及容器净，喷油器各部件洗净擦干后，应对准装配记号才能装复，总成件装机之前应将缸盖上的座孔洗净擦干。

4）将压紧喷油器壳体的螺母拧牢固，用力应均匀、可靠，并按要求装好回油管。

（2）使用什么设备对汽油机喷油器进行清洗？简述其操作步骤。

应使用专用清洗设备对喷油器进行清洗，具体操作步骤如下。

1）拆下喷油器总成，在各喷油器上贴上标签，以免混淆。然后检查喷油嘴上的橡胶圈是否损坏，如有损坏，应及时更换。

2）在超声波清洗槽中倒入两瓶专用喷油器清洗剂（约 1 850 mL），在支架上放好喷油器，清洗剂要浸过支架表面。

3）每个喷油器应重复检查 2~3 次，各缸喷油器的喷油量和均匀度应符合标准。

五、学习过程评价

学习过程评价见表 3-6-5。

表 3-6-5　　学习过程评价表

<table>
<tr><td>班级</td><td></td><td>姓名</td><td></td><td>学号</td><td></td><td>日期</td><td>年　月　日</td></tr>
<tr><td>序号</td><td colspan="5">评价要点</td><td>配分 / 分</td><td>得分</td><td>总评 / 分</td></tr>
<tr><td>1</td><td colspan="5">能正确识读和填写工作页，明确学习活动的要求</td><td>10</td><td></td><td rowspan="8">A □（86 ~ 100）
B □（76 ~ 85）
C □（60 ~ 75）
D □（60 以下）</td></tr>
<tr><td>2</td><td colspan="5">能描述汽油机喷油器的作用和分类</td><td>10</td><td></td></tr>
<tr><td>3</td><td colspan="5">能描述汽油机喷油器及其控制机构的组成</td><td>10</td><td></td></tr>
<tr><td>4</td><td colspan="5">能查阅资料，分析汽油机喷油器喷油不良的原因，明确汽油机喷油器故障的检修内容和检修方法</td><td>10</td><td></td></tr>
<tr><td>5</td><td colspan="5">能规范地完成汽油机喷油器的检查与清洗</td><td>30</td><td></td></tr>
<tr><td>6</td><td colspan="5">能遵守劳动纪律，以积极的态度接受工作任务</td><td>10</td><td></td></tr>
<tr><td>7</td><td colspan="5">能积极参与小组讨论，发挥团队合作精神</td><td>10</td><td></td></tr>
<tr><td>8</td><td colspan="5">能及时完成教师布置的任务</td><td>10</td><td></td></tr>
<tr><td colspan="6">总　分</td><td>100</td><td></td><td></td></tr>
<tr><td>小结
建议</td><td colspan="8"></td></tr>
</table>

学习活动7　工作总结与评价

学习目标

1. 能以小组形式，对学习过程和成果进行汇报总结。
2. 能完成对学习过程的综合评价。

建议学时：2学时。

学习过程

一、工作总结

在世界技能大赛中，要求选手具有一定的组织规划、沟通、创新等能力，这在实际的生产工作中是十分必要的。以小组为单位，选择演示文稿、展板、海报、视频等形式中的一种或几种，向全班展示、汇报学习成果。

二、综合评价

针对本任务的学习情况，根据表3–7–1所列综合评价标准进行评分。

表3–7–1　　　　综合评价标准

评价项目	评价内容及标准	配分/分	评分		
			自我评价	小组评价	教师评价
组织和管理	团队合作，合理计划，高效管理时间	3			
	及时检查工作进展和效果	3			
	保证高质量完成工作	4			
沟通能力	深度咨询客户，完全理解其要求	10			
	提供明确说明，准确回答客户疑问	10			
计划创新能力	及时处理工作中遇到的问题	10			
	提出创新性、可行性建议，提高客户满意度	10			

续表

评价项目	评价内容及标准	配分 / 分	评分		
			自我评价	小组评价	教师评价
专业知识	熟悉汽车汽油发动机燃料供给系统各零部件的作用、组成、分类、原理等理论知识	10			
	熟悉汽车汽油发动机加速无力故障检修知识	10			
实践能力	具备汽车汽油发动机燃油泵检查与更换技能	5			
	具备汽车汽油发动机空气滤清器检查与更换技能	5			
	具备汽车汽油发动机燃油供给系统压力检测技能	5			
	具备汽车汽油发动机节气门检查与清洗技能	10			
	具备汽车汽油发动机喷油器检查与清洗技能	5			
学生姓名		综合评价得分			
指导教师		日期			

三、学习任务三整体评价

学习任务三整体评价见表 3–7–2。

表 3–7–2　　学习任务三整体评价表

项目	自我评价			小组评价			教师评价		
	10 ~ 9 分	8 ~ 6 分	5 ~ 1 分	10 ~ 9 分	8 ~ 6 分	5 ~ 1 分	10 ~ 9 分	8 ~ 6 分	5 ~ 1 分
	占总评 10%			占总评 30%			占总评 60%		
学习活动 1									
学习活动 2									
学习活动 3									
学习活动 4									
学习活动 5									
学习活动 6									
学习活动 7									
协作精神									
纪律观念									

续表

项目	自我评价			小组评价			教师评价		
	10 ~ 9 分	8 ~ 6 分	5 ~ 1 分	10 ~ 9 分	8 ~ 6 分	5 ~ 1 分	10 ~ 9 分	8 ~ 6 分	5 ~ 1 分
	占总评 10%			占总评 30%			占总评 60%		
表达与分析能力									
工作态度									
任务总体表现									
小计 / 分									
总评 / 分									

世赛知识

中国（上海）获得 2021 年第 46 届世界技能大赛举办权

2017 年 10 月 13 日，在阿联酋阿布扎比举行的世界技能组织全体成员大会一致决定，2021 年第 46 届世界技能大赛在中国上海举办。

当地时间 13 日下午，在大会确定上海取得举办权之前，国家主席习近平通过视频向大会致辞，代表中国政府和中国人民表达对上海市举办第 46 届世界技能大赛的坚定支持，承诺上海一定能为世界奉献一届富有新意、影响深远的世界技能大赛。

习近平指出，世界技能大赛在中国举办，将有利于推动中国同各国在技能领域的交流互鉴，带动中国全国民众尤其是近 2 亿青少年关注、热爱、投身技能活动，让中国人民有机会为世界技能运动发展做出贡献。中国政府高度赞赏世界技能组织的发展宗旨，愿意积极参与各项活动，继续为全球减贫和可持续发展做出更大贡献。中国政府将全面兑现每一项承诺，全方位践行世界技能组织 2025 战略。

学习任务四　汽车柴油发动机加速无力故障检修

学习目标

1. 能描述柴油机燃料供给系统的作用、分类、组成和工作过程，明确汽车柴油发动机加速无力故障的检修内容、检修流程及检修方法。

2. 能描述柴油机燃油泵的分类、特点、结构和工作原理，分析柴油机燃油泵泵油不足的原因，并能进行柴油机燃油泵的检查与更换。

3. 能描述油水分离器的作用、分类、结构和工作原理，分析油水分离器失效的原因，并能进行油水分离器的检查与更换。

4. 能描述柴油机燃油供给系统压力的检测方法和检测参数，分析柴油机燃油供给系统压力异常的原因，并能进行柴油机燃油供给系统压力的检测。

5. 能描述柴油机喷油器的作用、分类、特点、结构和工作原理，分析柴油机喷油器喷油量异常的原因，并能进行柴油机喷油器的检查与更换。

6. 能对维修场地的相关设备进行日常维护与保养，按6S管理规定清理现场。

7. 能对相关资料、互联网资源进行检索，完成维修工单、工作页的填写。

8. 能展示工作成果，进行任务评价，总结工作经验，优化检修方案。

9. 能在作业过程中严格执行企业操作规范、安全生产制度、环保管理制度，严格遵守从业人员的职业道德，具有吃苦耐劳、爱岗敬业的工作态度和职业责任感。

建议学时

22学时

工作情境描述

一辆轿车进厂检修，客户反映汽车出现启动多次才着车且加速无力现象，经维修技师检查初步判断为发动机燃料供给系统故障。汽车维修人员需要根据维修手册的相关要求，在规定时间内完成发动机燃料供给系统的检查与零部件的更换，完成后交付验收。

工作流程与活动

1. 燃料供给系统的认知（4 学时）
2. 燃油泵的检查与更换（6 学时）
3. 油水分离器的检查与更换（2 学时）
4. 燃油供给系统压力的检测（4 学时）
5. 喷油器的检查与更换（4 学时）
6. 工作总结与评价（2 学时）

思维导图

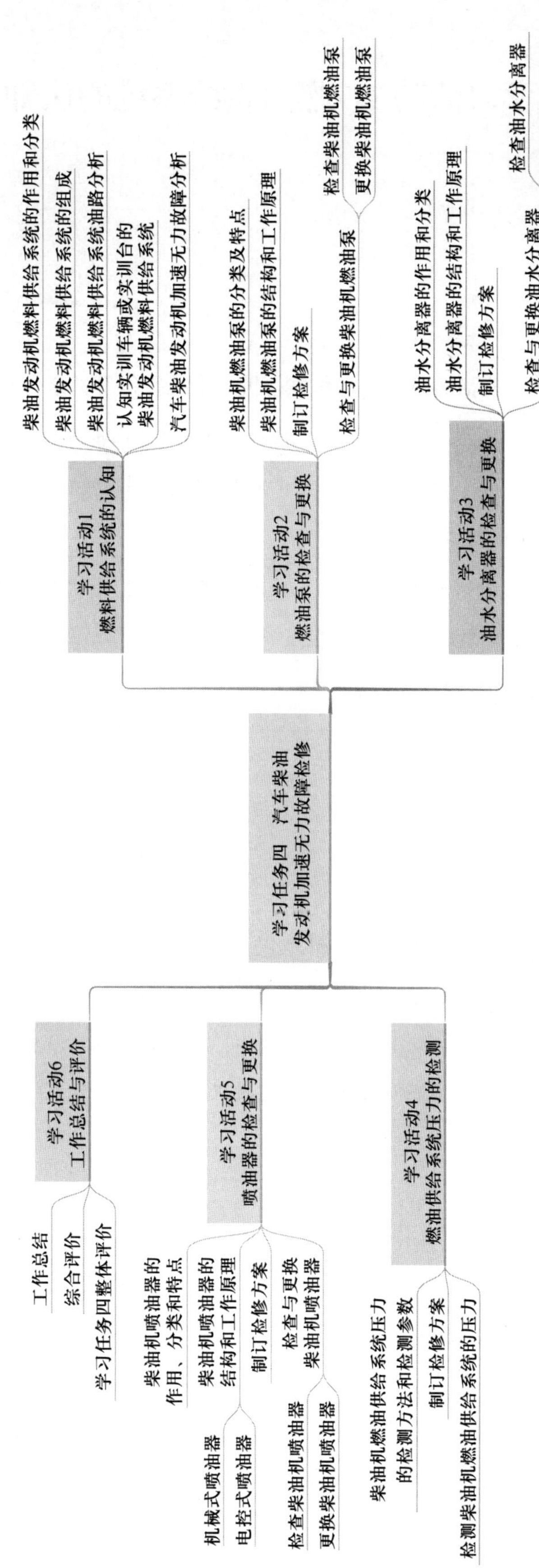
学习任务四　汽车柴油发动机加速无力故障检修
学习活动1 燃料供给系统的认知
柴油发动机燃料供给系统的作用和分类
柴油发动机燃料供给系统的组成
柴油发动机燃料供给系统油路分析
认知实训车辆或实训台的柴油发动机燃料供给系统
汽车柴油发动机加速无力故障分析
学习活动2 燃油泵的检查与更换
柴油机燃油泵的分类及特点
柴油机燃油泵的结构和工作原理
制订检修方案
检查与更换柴油机燃油泵
检查柴油机燃油泵
更换柴油机燃油泵
学习活动3 油水分离器的检查与更换
油水分离器的作用和分类
油水分离器的结构和工作原理
制订检修方案
检查与更换油水分离器
检查油水分离器
更换油水分离器
学习活动4 燃油供给系统压力的检测
柴油机燃油供给系统压力的检测方法和检测参数
制订检修方案
检测柴油机燃油供给系统的压力
学习活动5 喷油器的检查与更换
柴油机喷油器的作用、分类和特点
柴油机喷油器的结构和工作原理
机械式喷油器
电控式喷油器
制订检修方案
检查与更换柴油机喷油器
检查柴油机喷油器
更换柴油机喷油器
学习活动6 工作总结与评价
工作总结
综合评价
学习任务四整体评价

学习活动1　燃料供给系统的认知

学习目标

1. 能描述柴油发动机燃料供给系统的作用、分类和组成。

2. 能描述柴油发动机燃料供给系统油路的工作过程。

3. 能在发动机台架上正确找到柴油发动机燃料供给系统相关的零部件。

4. 能通过查阅资料，明确汽车柴油发动机加速无力故障的检修内容、检修流程及检修方法。

建议学时：4学时。

学习过程

一、柴油发动机燃料供给系统的作用和分类

1. 简述柴油发动机燃料供给系统的作用。

柴油机燃料供给系统的作用是根据柴油机的工作顺序，在气缸压缩行程接近终了时，通过喷油器将高压的柴油定时、定量地喷入气缸内，雾状的柴油与燃烧室内炽热的压缩空气混合，形成可燃混合气，并自行点火燃烧，最后将燃烧后的废气排入大气。

2. 简述柴油发动机燃料供给系统的分类。

（1）按结构分类

泵－管－嘴系统（包括合成泵系统、分配泵系统和单体泵系统）、泵－喷嘴系统以及共轨式系统。

（2）按喷油参数调节方式分类

位置控制式燃油供给系统、时间控制式燃油供给系统、时间－压力控制式燃油供给系统。

二、柴油发动机燃料供给系统的组成

1. 柴油发动机燃料供给系统主要由燃油箱、燃油滤清器、油水分离器、燃（喷）油泵、喷油器、限压阀、调速器、输油泵等组成，如图 4-1-1 所示。

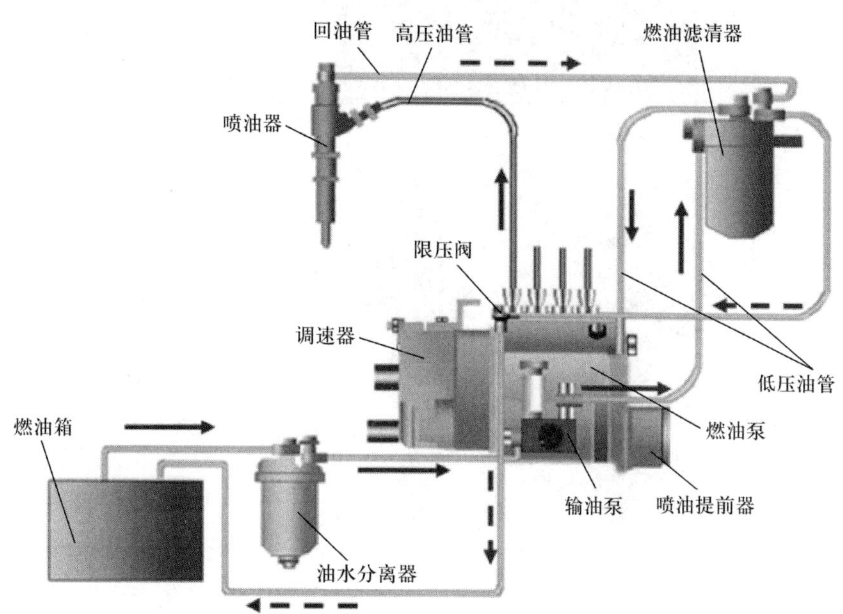

图 4-1-1　柴油发动机燃料供给系统的组成

2. 根据实物图，填写柴油发动机燃料供给系统主要组成零部件的名称及作用（表 4-1-1）。

表 4-1-1　　柴油发动机燃料供给系统主要组成零部件的名称及作用

零部件名称	实物图	作用
燃油泵		将低压油路来的柴油以一定的压力送入喷油器中，能控制喷油时间和喷油量

续表

零部件名称	实物图	作用
燃油滤清器		带油水分离器的柴油滤清器，用来分离混在油中的水和清除柴油中的杂质
喷油器		一种向柴油机燃烧室喷射高压燃油的装置。根据不同柴油机的要求，将高压油泵来的柴油雾气以一定的喷油压力、喷雾细度、喷油规律、射程和喷雾锥角喷入燃烧室特定位置，与空气混合燃烧

三、柴油发动机燃料供给系统油路分析

结合图 4-1-2 所示的柴油发动机燃料供给系统油路示意图，分析高压油路、低压油路和回油油路的工作过程。

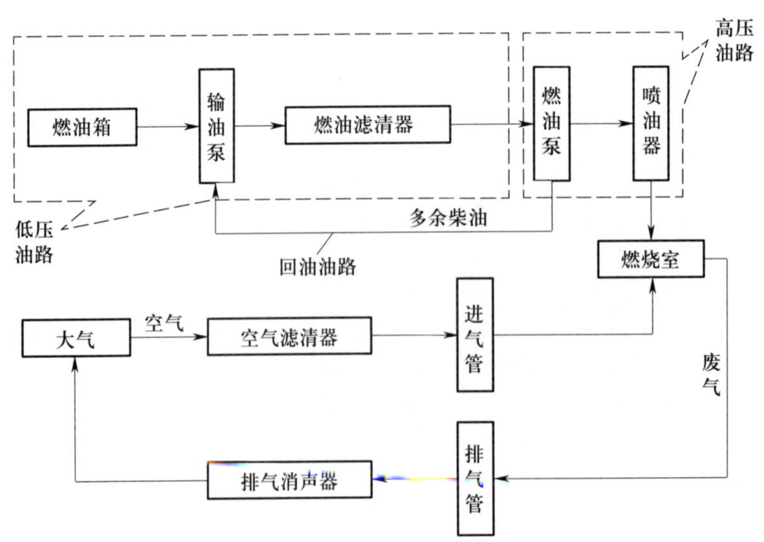

图 4-1-2　柴油发动机燃料供给系统油路示意图

1. 高压油路

从燃油泵到喷油器这一段油路，其油压由燃油泵建立，一般在 10 MPa 以上，故称高压油路。柴油供给任务主要由它来完成。

2. 低压油路

从燃油箱到燃油泵入口这一段油路，其油压由输油泵建立，一般为 150 ~ 300 kPa，故称低压油路。该油路主要完成柴油储存、输送和滤清等任务。

3. 回油油路

由于输油泵供油量是燃油泵出油量的 3 ~ 4 倍，燃油滤清器和燃油泵上都装有溢流阀，使多余燃油经溢流阀和回油管流回输油泵进口或直接流回燃油箱。

四、认知实训车辆或实训台的柴油发动机燃料供给系统

对照实训车辆或实训台的柴油发动机燃料供给系统，以小组为单位绘制一张柴油发动机燃料供给系统工作原理简图，并向其他组展示和说明该系统各组成零部件的名称、作用和安装位置。

五、汽车柴油发动机加速无力故障分析

汽车柴油发动机加速无力可能是因柴油发动机燃料供给系统故障导致的。根据你对柴油发动机燃料供给系统的了解，小组讨论汽车柴油发动机加速无力时，应主要对柴油发动机燃料供给系统的哪些方面进行检修，以及对应的检修流程和检修方法等，将讨论结果填写在下面的横线上并向其他组展示和说明。

____

____

____

____

____

____

____

____

____

____

六、学习过程评价

学习过程评价见表 4–1–2。

表 4–1–2　　学习过程评价表

<table>
<tr><td>班级</td><td></td><td>姓名</td><td></td><td>学号</td><td></td><td>日期</td><td>年　月　日</td></tr>
<tr><td>序号</td><td colspan="5">评价要点</td><td>配分 / 分</td><td>得分</td><td>总评 / 分</td></tr>
<tr><td>1</td><td colspan="5">能正确识读和填写工作页，明确学习活动的要求</td><td>10</td><td></td><td rowspan="8">A □（86 ~ 100）
B □（76 ~ 85）
C □（60 ~ 75）
D □（60 以下）</td></tr>
<tr><td>2</td><td colspan="5">能描述柴油发动机燃料供给系统的作用、分类和组成</td><td>15</td><td></td></tr>
<tr><td>3</td><td colspan="5">能查阅资料，分析柴油发动机燃料供给系统油路的工作过程</td><td>15</td><td></td></tr>
<tr><td>4</td><td colspan="5">能对照实物，正确说出柴油发动机燃料供给系统各组成零部件的名称、作用及安装位置</td><td>15</td><td></td></tr>
<tr><td>5</td><td colspan="5">能查阅资料，明确汽车柴油发动机加速无力故障的检修内容、检修流程及检修方法</td><td>15</td><td></td></tr>
<tr><td>6</td><td colspan="5">能遵守劳动纪律，以积极的态度接受工作任务</td><td>10</td><td></td></tr>
<tr><td>7</td><td colspan="5">能积极参与小组讨论，发挥团队合作精神</td><td>10</td><td></td></tr>
<tr><td>8</td><td colspan="5">能及时完成教师布置的任务</td><td>10</td><td></td></tr>
<tr><td colspan="6">总　分</td><td>100</td><td></td><td></td></tr>
<tr><td>小结
建议</td><td colspan="8"></td></tr>
</table>

学习活动 2　燃油泵的检查与更换

学习目标

1. 能描述柴油机燃油泵的分类、特点、结构及工作原理。

2. 能分析柴油机燃油泵泵油不足的原因，明确柴油机燃油泵故障的检修内容和检修方法。

3. 能规范地完成柴油机燃油泵的检查与更换。

建议学时：6 学时。

学习过程

一、柴油机燃油泵的分类及特点

根据表 4–2–1 中柴油机燃油泵的实物图，写出相应的类型及特点。

表 4–2–1　柴油机燃油泵的类型及特点

序号	实物图	类型	特点
1		柱塞式燃油泵	技术成熟，使用可靠，被大多数传统的汽车柴油机所采用
2		泵 – 喷油器式燃油泵	将燃油泵与喷油器做成一体，安装在气缸盖上，由上置凸轮轴直接驱动，省去了连接喷油器和燃油泵的高压油管，因此也消除了高压油管带来的不利影响

续表

序号	实物图	类型	特点
3		转子分配式燃油泵	依靠转子的转动来泵油和进行燃油分配，具有结构紧凑、体积小、质量轻、能在较高转速下工作等优点

二、柴油机燃油泵的结构和工作原理

1. 在图 4–2–1 中写出柱塞式燃油泵各组成零部件的名称。

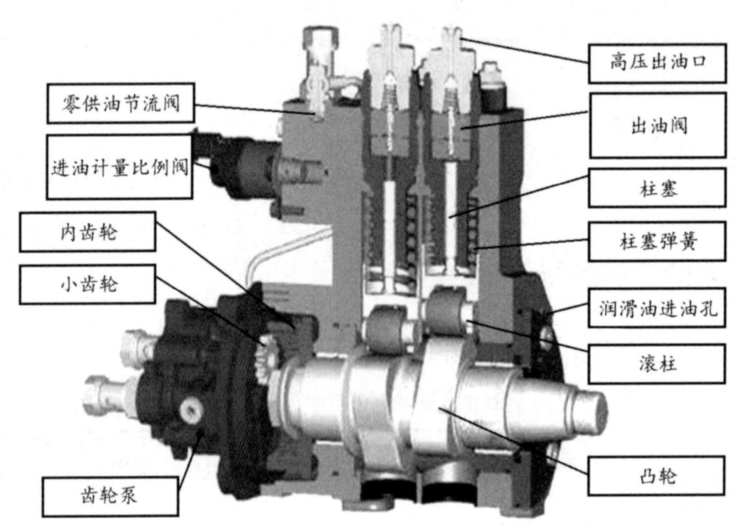

图 4–2–1　柱塞式燃油泵

2. 简述柴油机燃油泵的工作原理。

以柱塞式为例。

（1）进油过程：当燃油泵凸轮轴由曲轴驱动旋转时，如果凸轮的凸起部分尚未与滚轮相接触，柱塞则在柱塞弹簧的作用下处于最下端位置。这时柴油从低压油腔经进油孔流入柱塞上方的柱塞套筒内。

（2）压油与供油过程：随着凸轮的凸起部分与滚轮相接触，柱塞开始上移，直至柱塞上端面将进油孔完全遮蔽时，柱塞上部成为密闭的空间。随着柱塞继续上升，柴油受到压缩，油压迅速升高。柱塞上部的出油阀在油压达到一定值时即被顶开，高压的柴油经高压油管流向喷油器。当柱塞继续上行，燃油泵继续供油。

（3）停止供油过程：当柱塞上行到斜槽的上边沿与回油孔的下边沿相通时，供油过程结束。随后回油孔与斜槽相通，柱塞上部的高压油即通过柱塞中心的油孔和斜槽中的径向孔流入低压油腔，柴油压力迅速降低，出油阀在出油阀弹簧的作用下落入出油阀座，这时燃油泵停止向喷油器供油。当凸轮的最高点越过滚柱后，随着凸轮的转动，柱塞在柱塞弹簧的作用下逐渐下落，当柱塞上端低于进油孔时，柴油又开始流入柱塞套筒内。

三、制订检修方案

1. 查阅资料，回答下列问题。

（1）造成柴油机燃油泵泵油不足的原因有哪些?

以柱塞式为例。

1）柱塞偶件磨损。

2）出油阀密封不严。

3）燃油泵供油正时不正确。

4）低压油路问题，如滤芯堵塞、低压油路进空气、输油泵损坏等。

（2）柴油机燃油泵出现故障时，应主要从哪些方面对其进行检查？采用什么检修方法?

柱塞式燃油泵常见的故障是燃油泵漏油，具体检修方法如下。

直接观察法：观察燃油泵油管接头处是否漏油。若油管接头处有漏油现象，则应拆下油管接头进行清洗，并缠绕生胶带做密封处理。再次连接上油管接头后试车观察。若油管有漏油现象，则检查油管是否损坏，若有损坏则及时更换。

检验法：在燃油泵处于未工作状态时，通过直接手动泵油的方式，观察燃油泵是否有燃油泄漏。若有，则检查管路、管接头、出油阀副等。

压力测试法（有条件则用）：将外卡式油压传感器以一定的预紧力卡夹在燃油泵与喷油器之间的高压油管上，油管在高压油脉冲的作用下产生微小膨胀，挤压电荷，经发动机综合检测仪中的电荷放大器放大后供系统分析。若燃油压力异常，则需检查燃油泵出油阀副或柱塞副是否密封不严，并及时更换。

2. 根据具体工作内容，明确小组成员分工，填写表 4–2–2。

表 4–2–2　　小组成员分工

姓名	分工

3. 根据要求列出维修所需主要工具及材料清单，填写表 4–2–3。

表 4–2–3　　维修所需主要工具及材料清单

序号	工具及材料名称	单位	数量	备注

续表

序号	工具及材料名称	单位	数量	备注

4. 根据小组分工情况及客户要求，制订具体的维修工序，填写表 4–2–4。

表 4–2–4　　维修工序安排

序号	维修工序内容	备注

四、检查与更换柴油机燃油泵

1. 检查柴油机燃油泵

根据表 4–2–5 的操作规范，完成柴油机燃油泵的检查。

表 4–2–5　　检查柴油机燃油泵

序号	操作图示	作业要领	完成情况
1		手动泵油，松开低压油路油管接头，检查油管中是否有气泡冒出，以判断是否有空气进入其中	完　成□ 未完成□

续表

序号	操作图示	作业要领	完成情况
2		松开高压油管接头，将熄火拉钮置于熄火位置，转动曲轴，使燃油泵凸轴不压缩输油泵的活塞，然后用手油泵泵油，油管接头不冒油为正常，若冒油，则说明出油阀副不密封	完　成□ 未完成□

2. 更换柴油机燃油泵

根据表 4–2–6 的操作规范，完成柴油机燃油泵的更换。

表 4–2–6　　更换柴油机燃油泵

序号	操作图示	作业要领	完成情况
1		拆下燃油泵油门拉杆后端与燃油泵操纵臂球头销之间的卡箍，使油门拉杆与操纵臂球头销松脱，从扇形调整板上拆下多种燃料变换拉钮及拉线 记住扇形调整板与拉线的相对位置	完　成□ 未完成□
2		拆下燃油泵进 / 出油管接头，用干净的布块包好各油管接头	完　成□ 未完成□
3		按曲轴旋转方向转动曲轴，使燃油泵从动盘上的刻线与燃油泵前端盖上的刻线对齐	完　成□ 未完成□

续表

序号	操作图示	作业要领	完成情况
4		按对角交叉的次序，分几次松开并拧下燃油泵在支架上固定的四个长螺栓，将燃油泵抽出	完　成□ 未完成□
5	—	按与拆卸相反的步骤安装燃油泵	完　成□ 未完成□

五、学习过程评价

学习过程评价见表 4–2–7。

表 4–2–7　　学习过程评价表

班级		姓名		学号		日期	年　月　日
序号	评价要点				配分 / 分	得分	总评 / 分
1	能正确识读和填写工作页，明确学习活动的要求				10		A □（86 ~ 100） B □（76 ~ 85） C □（60 ~ 75） D □（60 以下）
2	能描述柴油机燃油泵的分类、结构及特点				10		
3	能查阅资料，分析柴油机燃油泵的工作原理				15		
4	能查阅资料，分析柴油机燃油泵泵油不足的原因，明确柴油机燃油泵故障的检修内容和检修方法				15		
5	能规范地完成柴油机燃油泵的检查				10		
6	能规范地完成柴油机燃油泵的更换				10		
7	能遵守劳动纪律，以积极的态度接受工作任务				10		
8	能积极参与小组讨论，发挥团队合作精神				10		
9	能及时完成教师布置的任务				10		
总　分					100		
小结 建议							

学习活动 3　油水分离器的检查与更换

学习目标

1. 能描述油水分离器的作用、分类、结构和工作原理。

2. 能分析油水分离器失效的原因，明确油水分离器故障的检修内容和检修方法。

3. 能规范地完成油水分离器的检查与更换。

建议学时：2 学时。

学习过程

一、油水分离器的作用和分类

1. 简述油水分离器的作用。

油水分离器用于分离混在柴油中的水和清除柴油中的杂质。

2. 简述油水分离器的常见类型。

油水分离器分为普通油水分离器和带柴油滤清器的油水分离器两种类型。

二、油水分离器的结构和工作原理

1. 查阅资料，在图 4–3–1 中将油水分离器各组成零部件的名称补充完整。

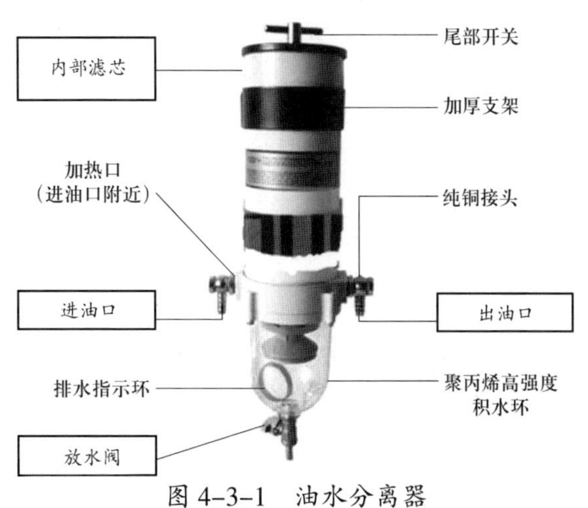

图 4–3–1　油水分离器

2. 简述油水分离器的工作原理。

油水分离器利用油轻水重的原理制成，若浮标达到或超过红线时须松开放水阀放水，放水后应通过手油泵排掉燃油系统内的空气，同时分离水后的油经过集成在一起的滤清器过滤掉杂质，进入燃油泵中。

三、制订检修方案

1. 查阅资料，回答下列问题。

（1）造成油水分离器失效的原因有哪些?

1）使用时间过长，超出正常使用寿命。

2）使用油品质量太差。

（2）油水分离器出现故障时，应主要从哪些方面对其进行检查？采用什么检修方法?

油水分离器出现故障时，应主要检查其是否有破损、泄漏，油水分离器液位是否达到放水线，仪表盘上的油水分离器指示灯是否点亮等。

通过外观检查和测量传感器电压的方法判断油水分离器是否有故障，若有故障应及时更换；观察油水分离器液位是否达到放水线，若达到放水线应及时放水，以排除故障。

2. 根据具体工作内容，明确小组成员分工，填写表 4–3–1。

表 4–3–1　　小组成员分工

姓名	分工

3. 根据要求列出维修所需主要工具及材料清单，填写表 4–3–2。

表 4–3–2　维修所需主要工具及材料清单

序号	工具及材料名称	单位	数量	备注

4. 根据小组分工情况及客户要求，制订具体的维修工序，填写表 4–3–3。

表 4–3–3　维修工序安排

序号	维修工序内容	备注

四、检查与更换油水分离器

1. 检查油水分离器

根据表 4–3–4 的操作规范，完成油水分离器的检查。

表 4-3-4　　检查油水分离器

序号	操作图示	作业要领	完成情况
1		观察仪表油水分离器故障指示灯是否点亮，若点亮则表示需要进行排水	完　成□ 未完成□
2		将油水分离器下的放水阀打开，将水放掉，此时油水分离器的液面下降至传感器以下，故障指示灯熄灭	完　成□ 未完成□
3		若油水分离器储液罐中的水排空后，故障指示灯还是点亮，则用万用表检测油水分离传感器的电压，正常约为 12 V（供电电压）和 5 V（信号电压）。若电压不正常，则需更换油水分离器	完　成□ 未完成□

查阅资料，分析发动机在油水分离器损坏时运转，会对其造成什么危害。

（1）油水分离器损坏会导致发动机冒白烟，因为燃油中的水分在燃烧时会变成水蒸气，会出现冒白烟的情况。而白烟中的水蒸气会损坏高压喷油器，使发动机功率不足，造成突然停车的现象，严重时会导致发动机损坏。

（2）若油水分离器损坏，柴油中的水及杂质会通过滤清装置，在进气道和气缸内淤积，长时间淤积会形成坚硬的积碳，继而影响发动机工作。此外，油水分离器损坏会造成气门积碳，气门积碳会导致发动机启动困难、怠速不稳、加速不良、尾气超标、油耗增多等异常现象。以上情况严重时均会导致发动机损坏。

（3）高压共轨系统中的高压喷油器需要精确地控制喷油压力、喷油时间和喷油量，如果油水分离器损坏，柴油中的水及杂质会磨损喷油器内的柱塞偶件并造成拉伤，直到喷油器卡死。

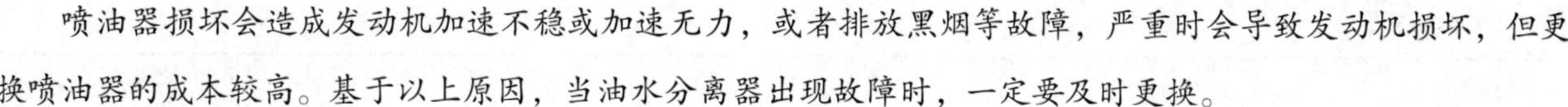

喷油器损坏会造成发动机加速不稳或加速无力，或者排放黑烟等故障，严重时会导致发动机损坏，但更换喷油器的成本较高。基于以上原因，当油水分离器出现故障时，一定要及时更换。

2. 更换油水分离器

根据表 4–3–5 的操作规范，完成油水分离器的更换。

表 4–3–5　　　　更换油水分离器

序号	操作图示	作业要领	完成情况
1		打开放水阀，放掉一部分燃油，用工具将滤芯和积水杯一起取下，然后将滤芯从积水杯上取下	完　成□ 未完成□
2		清洗积水杯和油环，此时应注意积水杯与油环是否有质量问题	完　成□ 未完成□
3		为积水杯装上新滤芯，然后用手旋紧（为避免损坏积水杯和滤芯，旋紧时不要使用工具）	完　成□ 未完成□
4		用油脂或燃油将滤芯顶部油环涂上一层薄油，将积水杯和滤芯一起装进接头，用手旋紧	完　成□ 未完成□

续表

序号	操作图示	作业要领	完成情况
5	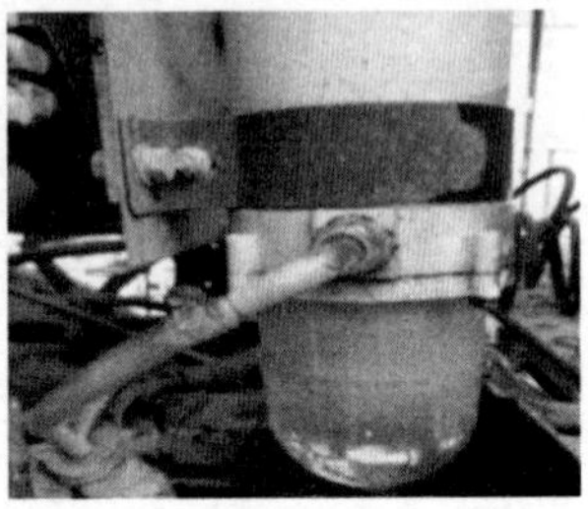	为消除滤芯中的空气，在滤器顶部用手油泵泵油，直至有油从滤器中渗出	完　成☐ 未完成☐
6		启动柴油发动机组，检查系统有无泄漏，如有，停机排除	完　成☐ 未完成☐

（1）如何判定柴油发动机油水分离器是否超过使用周期?

根据维修手册，一般行驶里程为 20 000 km 左右时应更换油水分离器。

（2）简述更换油水分离器的注意事项。

1）油水分离器型号应与原型号一致。

2）安装时注意安装力矩的大小，切勿损坏油水分离器。

五、学习过程评价

学习过程评价见表 4–3–6。

表 4–3–6　　学习过程评价表

<table>
<tr><td>班级</td><td></td><td>姓名</td><td></td><td>学号</td><td></td><td>日期</td><td>年　月　日</td></tr>
<tr><td>序号</td><td colspan="5">评价要点</td><td>配分 / 分</td><td>得分</td><td>总评 / 分</td></tr>
</table>

序号	评价要点	配分 / 分	得分	总评 / 分
1	能正确识读和填写工作页，明确学习活动的要求	10		A □（86 ~ 100） B □（76 ~ 85） C □（60 ~ 75） D □（60 以下）
2	能描述油水分离器的作用、分类和结构	10		
3	能查阅资料，分析油水分离器的工作原理	10		
4	能查阅资料，分析油水分离器失效的原因，明确油水分离器故障的检修内容和检修方法	10		
5	能规范地完成油水分离器的检查	15		
6	能规范地完成油水分离器的更换	15		
7	能遵守劳动纪律，以积极的态度接受工作任务	10		
8	能积极参与小组讨论，发挥团队合作精神	10		
9	能及时完成教师布置的任务	10		
总　分		100		
小结建议				

学习活动 4　燃油供给系统压力的检测

学习目标

1. 能描述柴油机燃油供给系统压力的检测方法和检测参数。

2. 能分析柴油机燃油供给系统压力异常的原因，明确柴油机燃油供给系统压力异常的检修方法。

3. 能规范地完成柴油机燃油供给系统压力的检测。

建议学时：4 学时。

学习过程

一、柴油机燃油供给系统压力的检测方法和检测参数

1. 简述柴油机燃油供给系统压力的检测方法。

（1）经验检查法：用手握住输油软管，通过其张力的大小感受供油的频率和振动，判断油压是否正常。经验检查法虽简单，但准确性稍差。

（2）油压表检查法：卸压之后，将燃油压力表串接在进油管中，带测压口的车辆将燃油压力表连接到测压口上，即可测量油压。在拆卸进油管时要用毛巾或棉布垫在进油管接口下，以防止燃油泄漏在地上。

（3）压力波形检测法：用发动机综合测试仪检测，把外卡式油压传感器按要求卡在高压开关上，将发动机转速稳定在 800~1 000 r/min，通过按键选择，屏幕上即可出现被测发动机的供油压力波形。

2. 柴油机燃油供给系统压力的测量参数包括哪些？其含义分别是什么？其标准值范围分别是多少？

（1）静态油压：不启动发动机，用跨接线连接输油泵诊断接头上的两个端子，并将点火开关转至“ON”位置，使输油泵工作时测得的油压。静态油压一般在 300 kPa 左右（以丰田车系为例）。

（2）怠速油压：启动发动机，使燃油泵在怠速下运转，此时油压表读数为怠速油压，正常值为 200~300 kPa。

（3）最大油压：用包有软布的钳子夹住回油管，此时油压表读数为燃油泵最大供油压力，一般为正常工作油压的 2~3 倍。

（4）剩余油压：松开回油管夹钳，发动机熄火，燃油泵停止运转 10 min 后测得的油压，一般应大于 150 kPa。

二、制订检修方案

1. 查阅资料，回答下列问题。

（1）简述柴油机燃油供给系统压力异常造成的危害。

1）燃油供给系统压力过低：发动机燃烧不正常，损坏发动机。

2）燃油供给系统压力过高：影响燃油系统零部件的使用寿命，容易造成磨损、泄漏。

（2）简述造成柴油机燃油供给系统压力为 0、压力过低（>0）或过高的原因及其处理方法。

1）压力为 0 的原因及其处理方法

低压油路输油泵损坏，无法供油，应进行更换。

2）压力过低（>0）的原因及其处理方法

油路进空气，排出油路内的空气；油泵磨损，检查输油泵和燃油泵是否损坏；油管泄漏，目视检查油管是否有燃油泄漏。

3）压力过高的原因及其处理方法

回油油路堵塞，检查回油管是否堵塞、回油单向阀是否损坏。

2. 根据具体工作内容，明确小组成员分工，填写表 4–4–1。

表 4–4–1　小组成员分工

姓名	分工

3. 根据要求列出维修所需主要工具及材料清单，填写表 4–4–2。

表 4–4–2　　维修所需主要工具及材料清单

序号	工具及材料名称	单位	数量	备注

4. 根据小组分工情况及客户要求，制订具体的维修工序，填写表 4–4–3。

表 4–4–3　　维修工序安排

序号	维修工序内容	备注

三、检测柴油机燃油供给系统的压力

根据表 4–4–4 的操作规范，完成柴油机燃油供给系统压力的检测。

表 4–4–4　　检测柴油机燃油供给系统的压力

序号	操作图示	作业要领	完成情况
1	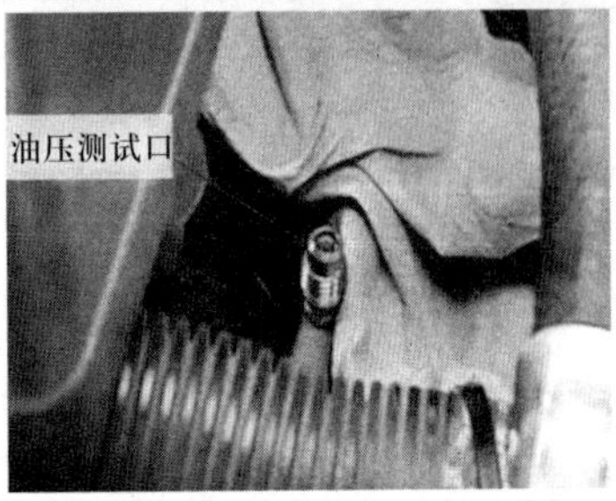 油压测试口	拆卸进油管。注意，在拆卸进油管时要用毛巾或棉布垫在进油管接口下，以防止燃油泄漏在地上	完　成□ 未完成□

续表

序号	操作图示	作业要领	完成情况
2		将燃油压力表连接到油压测试口上，测试相应的油压，读出燃油压力表读数，并进行数据记录 静态油压：________ 怠速油压：________ 最大油压：________ 剩余油压：________	完　成□ 未完成□
3		先卸压，再拆去燃油压力表，将进油管重新连接好，启动发动机，检查进油管是否有渗漏	完　成□ 未完成□

1. 简述检测柴油机燃油供给系统压力的注意事项。

（1）拆卸进油管时注意防止空气进入，安装完成后要排除油路中的空气。

（2）检测过程中要防止燃油泄漏。

2. 根据燃油压力的检测结果，采取相应的方法进行检修，排除燃油压力异常故障，并记录检修过程中遇到的问题。

四、学习过程评价

学习过程评价见表 4–4–5。

表 4–4–5　　学习过程评价表

<table>
<tr><td>班级</td><td></td><td>姓名</td><td></td><td>学号</td><td></td><td>日期</td><td>年　月　日</td></tr>
<tr><td>序号</td><td colspan="5">评价要点</td><td>配分 / 分</td><td>得分</td><td>总评 / 分</td></tr>
<tr><td>1</td><td colspan="5">能正确识读和填写工作页，明确学习活动的要求</td><td>10</td><td></td><td rowspan="7">A □（86 ~ 100）
B □（76 ~ 85）
C □（60 ~ 75）
D □（60 以下）</td></tr>
<tr><td>2</td><td colspan="5">能描述柴油机燃油供给系统压力的检测方法和检测参数</td><td>10</td><td></td></tr>
<tr><td>3</td><td colspan="5">能查阅资料，分析柴油机燃油供给系统压力异常的原因，明确柴油机燃油供给系统压力异常的检修方法</td><td>20</td><td></td></tr>
<tr><td>4</td><td colspan="5">能规范地完成柴油机燃油供给系统压力的检测</td><td>30</td><td></td></tr>
<tr><td>5</td><td colspan="5">能遵守劳动纪律，以积极的态度接受工作任务</td><td>10</td><td></td></tr>
<tr><td>6</td><td colspan="5">能积极参与小组讨论，发挥团队合作精神</td><td>10</td><td></td></tr>
<tr><td>7</td><td colspan="5">能及时完成教师布置的任务</td><td>10</td><td></td></tr>
<tr><td colspan="6">总　分</td><td>100</td><td></td><td></td></tr>
<tr><td>小结
建议</td><td colspan="8"></td></tr>
</table>

学习活动 5　喷油器的检查与更换

学习目标

1. 能描述柴油机喷油器的作用、分类、特点、结构和工作原理。

2. 能分析柴油机喷油器喷油量异常的原因，明确柴油机喷油器故障的检修内容和检修方法。

3. 能规范地完成柴油机喷油器的检查与更换。

建议学时：4 学时。

学习过程

一、柴油机喷油器的作用、分类和特点

1. 简述柴油机喷油器的作用。

柴油机喷油器的作用是将高压的柴油以雾状喷入气缸，供柴油机燃烧做功，要求喷油雾化良好。

2. 柴油机喷油器按控制方式不同可分为机械式喷油器和电控式喷油器，它们的区别是什么？

（1）电控式喷油器是一个电磁阀，ECU 通过传感器检测曲轴位置，控制电磁阀线圈的电流通断来控制喷油器的工作。当有电流通过时，喷油器柱塞被吸引，针阀上升，即实现燃油喷射。

（2）机械式喷油器是依靠机械顶起弹簧复位的方式喷油的。只要燃油压力足够大（能够克服喷油器针阀的开启阻力），就可以实现喷油。

3. 柴油机喷油器按喷油口的结构不同可分为哪些类型？各具有哪些特点？

柴油机喷油器按喷油口的结构不同可分为孔式喷油器和轴针式喷油器。

（1）孔式喷油器：主要由针阀偶件、顶杆、调压弹簧、调整螺钉及喷油器体等组成。孔式喷油器用于具有直喷式燃烧室的柴油机上。孔式喷油器的喷油嘴头部加工有 1 个或多个喷孔，有 1 个喷孔的称为单孔喷油器，有 2 个喷孔的称为双孔喷油器，有 3 个以上喷孔的称为多孔喷油器。

（2）轴针式喷油器：与孔式喷油器相比，轴针式喷油器针阀下端的密封锥面以下还延伸出一个轴针，形状为倒锥形或圆柱形。轴针伸出喷孔外，使喷孔成为圆环状的狭缝，喷油时呈空心锥状或空心柱形。

二、柴油机喷油器的结构和工作原理

1. 机械式喷油器

（1）机械式喷油器是通过控制针阀偶件（针阀、针阀体）进行工作的，其结构包括调压弹簧、顶杆、针阀、针阀体、进油管接头等。在图 4–5–1 中将机械式喷油器的组成零部件补充完整。

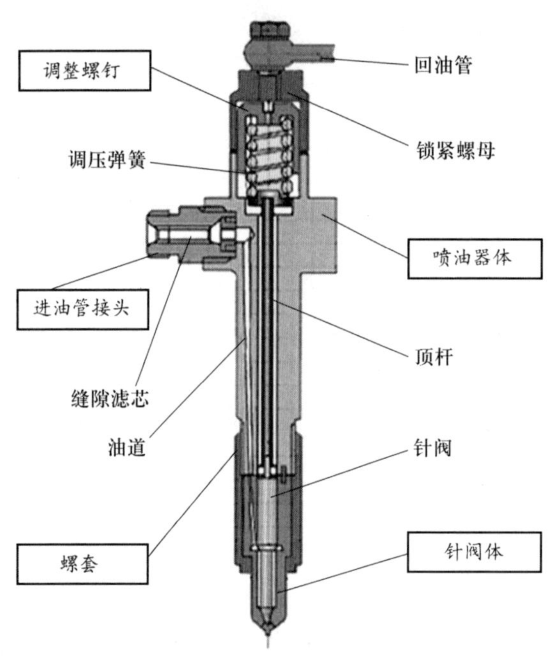

图 4–5–1　机械式喷油器

（2）简述机械式喷油器的工作原理。

燃油泵输出的高压柴油由进油管接头进入针阀中部的高压油腔。当油压克服调压弹簧预紧力及针阀偶件间的摩擦力时，针阀上升，高压柴油由喷孔喷射出去；当燃油泵停止供油时，针阀在调压弹簧作用下将喷孔关闭。

2. 电控式喷油器

（1）电控式喷油器是由 ECU 进行控制的，其结构包括针阀、衔铁、回位弹簧等。在图 4–5–2 中将电控式喷油器的组成零部件补充完整。

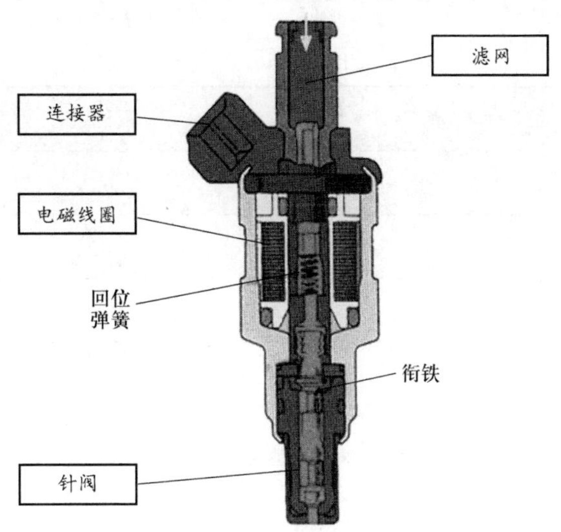

图 4-5-2　电控式喷油器

（2）简述电控式喷油器的工作原理。

电控式喷油器根据ECU发出的控制信号，通过控制电磁阀的开启和关闭，将高压油管中的燃油以最佳的喷油定时、喷油量和喷油率喷入柴油机的燃烧室。在电磁阀不通电时，针阀关闭，喷油器处于不喷油状态。当ECU给电磁阀激励时，由于电磁铁的吸力作用，衔铁向上运动，针阀打开，开始喷油。

三、制订检修方案

1．查阅资料，回答下列问题。

（1）造成柴油机喷油器喷油量异常的原因有哪些？

1）喷孔磨损或有积碳。

2）弹簧端面磨损或弹力下降。

3）针阀偶件磨损严重或针阀体与喷油器壳配合不够严密。

4）电控系统故障，如传感器信号异常等。

（2）柴油机喷油器出现故障时，应主要从哪些方面对其进行检查？采用什么检修方法？

柴油机喷油器出现故障时，应主要对其外观、喷射压力、喷雾质量、密封性能、控制电路等进行检查。

具体检修方法如下。

1）使用专用设备检测喷射压力、喷雾质量。若检测的喷射压力达不到相应的技术标准，喷油器的雾化程度不好，有滴油或泄漏现象，而且经过清洗和调整无法恢复，则必须更换喷油器。

2）用测量法检查控制电路的电压、电阻。若电路电压、电阻异常，则检修控制电路。

3）用示灯法检查喷油器是否损坏，目视检查其有无磨损、积碳，各部件配合是否严密。

2. 根据具体工作内容，明确小组成员分工，填写表 4–5–1。

表 4–5–1 小组成员分工

姓名	分工

3. 根据要求列出维修所需主要工具及材料清单，填写表 4–5–2。

表 4–5–2 维修所需主要工具及材料清单

序号	工具及材料名称	单位	数量	备注

4. 根据小组分工情况及客户要求，制订具体的维修工序，填写表 4–5–3。

表 4–5–3 维修工序安排

序号	维修工序内容	备注

四、检查与更换柴油机喷油器

1. 检查柴油机喷油器

按照表 4-5-4 的操作规范，完成柴油机喷油器的检查。

表 4-5-4　　检查柴油机喷油器

序号	操作图示	作业要领	完成情况
1		断下喷油器线束连接器	完　成□ 未完成□
2	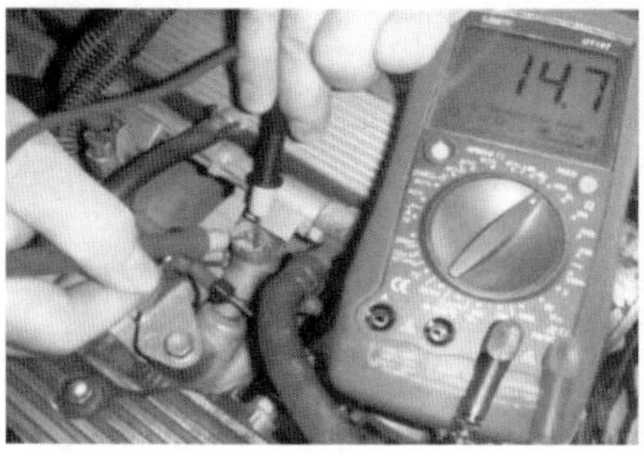	用万用表检测喷油器针脚间的电压、电阻，确定喷油器控制电路是否有故障。若喷油器各针脚间的电压、电阻正常，说明电路工作正常；若喷油器各针脚间的电压、电阻异常，则应先检查电路 喷油器的标准电压:____V 喷油器的标准电阻:____Ω	完　成□ 未完成□
3		连接喷油器线束连接器，同时将 LED 试灯的一根针脚连接蓄电池正极，另一根针脚连接喷油器电控插头的控制针脚，启动发动机	完　成□ 未完成□
4		若 LED 试灯发出一定频率的闪烁光，说明喷油器工作正常；若 LED 试灯不亮或常亮不闪，说明喷油器工作异常	完　成□ 未完成□

2. 更换柴油机喷油器

按照表 4–5–5 的操作规范，完成柴油机喷油器的更换。

表 4–5–5 更换柴油机喷油器

序号	操作图示	作业要领	完成情况
1	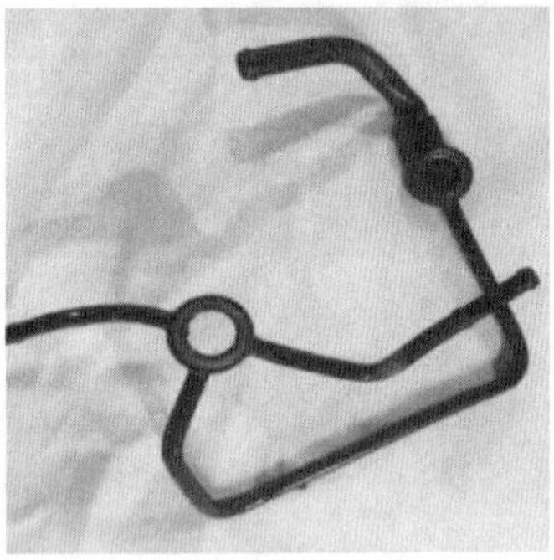	拆卸喷油器回油管	完　成□ 未完成□
2	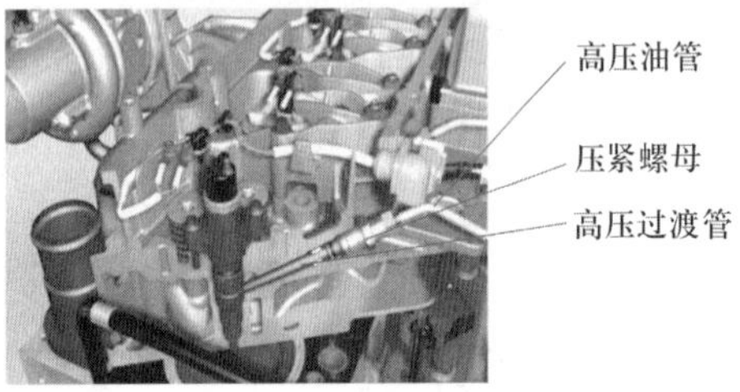 高压油管 压紧螺母 高压过渡管	拆卸高压油管	完　成□ 未完成□
3	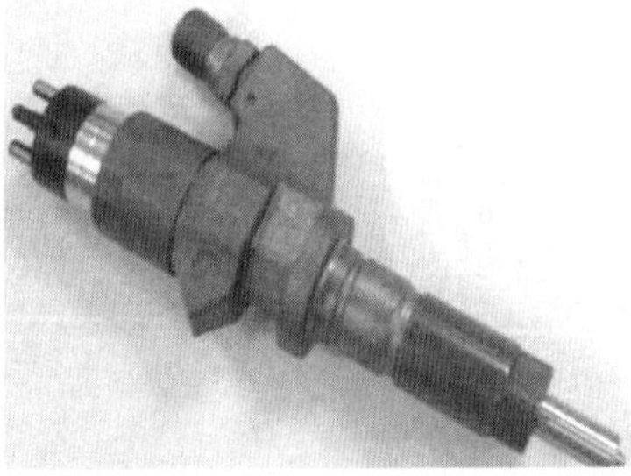	拆卸喷油器固定支架并拔出喷油器	完　成□ 未完成□
4		用干净的抹布堵住喷油器安装孔	完　成□ 未完成□
5	—	按与拆卸相反的步骤安装喷油器	完　成□ 未完成□

五、学习过程评价

学习过程评价见表 4–5–6。

表 4–5–6　　　　学习过程评价表

<table>
<tr><td>班级</td><td></td><td>姓名</td><td></td><td>学号</td><td></td><td>日期</td><td>年　月　日</td></tr>
<tr><td>序号</td><td colspan="5">评价要点</td><td>配分 / 分</td><td>得分</td><td>总评 / 分</td></tr>
<tr><td>1</td><td colspan="5">能正确识读和填写工作页，明确学习活动的要求</td><td>10</td><td></td><td rowspan="9">A □（86 ~ 100）
B □（76 ~ 85）
C □（60 ~ 75）
D □（60 以下）</td></tr>
<tr><td>2</td><td colspan="5">能描述柴油机喷油器的作用、分类、结构和特点</td><td>10</td><td></td></tr>
<tr><td>3</td><td colspan="5">能查阅资料，分析柴油机喷油器的工作原理</td><td>10</td><td></td></tr>
<tr><td>4</td><td colspan="5">能查阅资料，分析柴油机喷油器喷油量异常的原因，明确柴油机喷油器故障的检修内容和检修方法</td><td>10</td><td></td></tr>
<tr><td>5</td><td colspan="5">能规范地完成柴油机喷油器的检查</td><td>15</td><td></td></tr>
<tr><td>6</td><td colspan="5">能规范地完成柴油机喷油器的更换</td><td>15</td><td></td></tr>
<tr><td>7</td><td colspan="5">能遵守劳动纪律，以积极的态度接受工作任务</td><td>10</td><td></td></tr>
<tr><td>8</td><td colspan="5">能积极参与小组讨论，发挥团队合作精神</td><td>10</td><td></td></tr>
<tr><td>9</td><td colspan="5">能及时完成教师布置的任务</td><td>10</td><td></td></tr>
<tr><td colspan="6">总　分</td><td>100</td><td></td><td></td></tr>
<tr><td>小结
建议</td><td colspan="8"></td></tr>
</table>

学习活动 6　工作总结与评价

学习目标

1. 能以小组形式，对学习过程和成果进行汇报总结。
2. 能完成对学习过程的综合评价。

建议学时：2 学时。

学习过程

一、工作总结

在世界技能大赛中，要求选手具有一定的组织规划、沟通、创新等能力，这在实际的生产工作中是十分必要的。以小组为单位，选择演示文稿、展板、海报、视频等形式中的一种或几种，向全班展示、汇报学习成果。

二、综合评价

针对本任务的学习情况，根据表 4–6–1 所列综合评价标准进行评分。

表 4–6–1　　综合评价标准

评价项目	评价内容及标准	配分 / 分	评分		
			自我评价	小组评价	教师评价
组织和管理	团队合作，合理计划，高效管理时间	3			
	及时检查工作进展和效果	3			
	保证高质量完成工作	4			
沟通能力	深度咨询客户，完全理解其要求	10			
	提供明确说明，准确回答客户疑问	10			
计划创新能力	及时处理工作中遇到的问题	10			
	提出创新性、可行性建议，提高客户满意度	10			

续表

评价项目	评价内容及标准	配分 / 分	评分		
			自我评价	小组评价	教师评价
专业知识	熟悉汽车柴油发动机燃料供给系统各零部件的作用、组成、分类、原理等理论知识	10			
	熟悉汽车柴油发动机加速无力故障检修知识	10			
实践能力	具备汽车柴油发动机燃油泵检查与更换技能	5			
	具备汽车柴油发动机油水分离器检查与更换技能	5			
	具备汽车柴油发动机燃油供给系统压力检测技能	10			
	具备汽车柴油发动机喷油器检查与更换技能	10			
学生姓名		综合评价得分			
指导教师		日期			

三、学习任务四整体评价

学习任务四整体评价见表 4–6–2。

表 4–6–2　　学习任务四整体评价表

项目	自我评价			小组评价			教师评价		
	10 ~ 9 分	8 ~ 6 分	5 ~ 1 分	10 ~ 9 分	8 ~ 6 分	5 ~ 1 分	10 ~ 9 分	8 ~ 6 分	5 ~ 1 分
	占总评 10%			占总评 30%			占总评 60%		
学习活动 1									
学习活动 2									
学习活动 3									
学习活动 4									
学习活动 5									
学习活动 6									
协作精神									
纪律观念									
表达与分析能力									
工作态度									
任务总体表现									
小计 / 分									
总评 / 分									

世赛知识

在第44届世界技能大赛汽车技术项目中，发动机管理系统模块在8个模块中占15分的分值，由组委会根据主办国的实际设备情况，确定选用汽油机还是柴油机，于最终比赛前1个月向各参赛国公布。对于汽油机而言，其考核内容包括压力和流量测量、诊断仪的使用（PS90WSC、505WSC等）、废气再循环系统、三元催化转化器、点火系统、发动机传感器及执行器的故障诊断、电子燃油喷射系统、废气分析及波形测量、发动机起动系统。对于柴油机而言，其考核内容包括柴油机过滤系统、预热系统、电子控制系统、发动机的相关传感器和执行器、共轨系统、增压系统、发动机起动系统。无论是汽油机还是柴油机，均要求选手在比赛现场90 min内不使用任何诊断设备及仪器将发动机启动着车，对于不能在规定时间内将发动机启动着车的选手，由组委会专家恢复故障，将发动机启动着车，选手将被强制性休息15 min，该环节选手不得分，同时15 min的休息时间计入总的3 h比赛时间内。组委会专家恢复故障，将发动机启动着车后，选手方可进入下一个比赛环节。

命题和评分标准如下。

1. 内容要求

发动机无法启动或发动机运转后不着车。

2. 评价标准及配分

（1）组织管理：健康安全和整理（3分）；设备和工具使用规范（2分）。

（2）沟通交流：查阅电路图（5分）；记录作业单（5分）；汇报故障（5分）；索要零部件（5分）。

（3）机电系统：零部件拆装（10分）；发现系统故障现象（15分）。

（4）检查诊断：通过检查、诊断找到故障部位，如确定熔丝、继电器、导线、零部件等具体故障部位（40分）。

（5）维修保养：维修、基础检查（5分）；更换零部件（5分）。

3. 命题框架

（1）组织管理：健康安全和整理（3分）；设备和工具使用规范（2分）。

（2）沟通交流：查阅电路图（5分）；记录作业单（5分）；汇报故障（5分）；索要零部件（5分）。

（3）主供电系统（10分）：检查系统功能，排除熔丝，相关线路断路、短路、虚接、错接，搭铁，零部件等独立或复合故障（2～3个故障点）。

（4）钥匙/仪表/CAN系统（25分）：检查系统功能，排除熔丝，相关线路断路、短路、虚接、错接，搭铁，零部件等独立或复合故障（5～6个故障点）。

（5）起动系统（15分）：检查系统功能，排除熔丝，相关线路断路、短路、虚接、错接，搭铁，零部件等独立或复合故障（3～4个故障点）。

（6）高压点火系统（15分）：检查系统功能，排除熔丝，相关线路断路、短路、虚接、错接，搭铁，零部件等独立或复合故障（3～4个故障点）。

（7）供油/混合气系统（10分）：检查系统功能，排除熔丝，相关线路断路、短路、虚接、错接，搭铁，零部件等独立或复合故障（3～4个故障点）。

附　录

附表1　汽车发动机水温高故障检修学习任务设计方案

专业名称	汽车维修	一体化课程名称	汽车发动机简单故障检修
学习任务	汽车发动机水温高故障检修	授课时数	16学时
工作情境描述	一辆轿车进厂检修，客户反映汽车行驶过程中出现水温警告灯亮现象，经维修技师检查初步判断为发动机冷却系统故障。汽车维修人员需要根据维修手册的相关要求，在规定时间内完成发动机冷却系统的检查与零部件的更换，完成后交付验收		
学习情境描述	在学习活动1中，学生在教师的引导下，学习汽车发动机冷却系统的作用、分类、组成及工作原理，在实训车辆或发动机台架上认识汽车发动机冷却系统各组成零部件的名称、作用和安装位置，了解汽车发动机冷却系统常见故障，为后续学习活动打下良好的理论基础 在学习活动2中，学生在教师的引导下，学习汽车发动机冷却液的组成、特性及选用要求，分析冷却液变质的原因，明确冷却液失效的检修内容和检修方法，按照维修标准流程完成冷却液的检查与更换 在学习活动3中，学生在教师的引导下，学习汽车发动机节温器的作用、分类、结构和工作原理，分析节温器不工作的原因，明确节温器故障的检修内容和检修方法，按照维修标准流程完成节温器的检查与更换 在学习活动4中，学生在教师的引导下，学习汽车发动机水泵的作用、分类、结构和工作原理，分析水泵工作异常的原因，明确水泵故障的检修内容和检修方法，按照维修标准流程完成水泵的检查与更换 在学习活动5中，学生在教师的引导下，学习汽车发动机冷却风扇的分类、作用和工作原理，分析冷却风扇工作异常的原因，明确冷却风扇故障的检修内容和检修方法，按照维修标准流程完成冷却风扇的检查与更换 在学习活动6中，学生在教师的引导下，学习汽车发动机散热器的作用、结构和工作原理，分析散热器散热不良的原因，明确散热器故障的检修内容和检修方法，按照维修标准流程完成散热器的检查与更换 在学习活动7中，学生总结本次工作经验，并对学习活动成果进行正确评价 在学习过程中，学生能按教师的要求严格执行每个工作步骤，证明学生已掌握汽车发动机水温高故障检修的工作步骤、工作思路和工作方法		
与其他任务的关系	该学习任务是汽车发动机简单故障检修一体化课程的第一个任务，进行此学习任务，为解决该课程综合性、复杂性问题打下基础		
学生基础	具有车辆维修手册和维修资料的基本阅读能力；具有一定的环保管理习惯、6S管理习惯、安全文明生产意识、团队沟通合作意识等		
学习目标	1．能描述冷却系统的作用、组成、分类和水路循环过程，明确汽车发动机水温高故障的检修内容、检修流程及检修方法 2．能描述冷却液的组成、特性及选用要求，分析冷却液变质的原因，并能进行冷却液的检查与更换		

续表

学习目标	3. 能描述节温器的作用、分类、结构和工作原理，分析节温器不工作的原因，并能进行节温器的检查与更换 4. 能描述水泵的作用、分类、结构和工作原理，分析水泵工作异常的原因，并能进行水泵的检查与更换 5. 能描述冷却风扇的分类、作用和工作原理，分析冷却风扇工作异常的原因，并能进行冷却风扇的检查与更换 6. 能描述散热器的作用、结构和工作原理，分析散热器散热不良的原因，并能进行散热器的检查与更换 7. 能对维修场地的相关设备进行日常维护与保养，按 6S 管理规定清理现场 8. 能对相关资料、互联网资源进行检索，完成维修工单、工作页的填写 9. 能展示工作成果，进行任务评价，总结工作经验，优化检修方案 10. 能在作业过程中严格执行企业操作规范、安全生产制度、环保管理制度，严格遵守从业人员的职业道德，具有吃苦耐劳、爱岗敬业的工作态度和职业责任感
学习内容	1. 汽车发动机冷却系统的认知 2. 汽车发动机冷却液的检查与更换 3. 汽车发动机节温器的检查与更换 4. 汽车发动机水泵的检查与更换 5. 汽车发动机冷却风扇的检查与更换 6. 汽车发动机散热器的检查与更换
教学条件	1. 教学场地：教室、多媒体教室、实训车间 2. 设备：车辆、汽车发动机实训台架、多媒体设备等 3. 工具：通用工具、汽车发动机维修专用工具 4. 防护用品：防护眼镜、抹布、工作服、工作帽 5. 资料：工作页、维修手册、评价表、安全操作规程等 6. 材料：修理包、汽车专用清洗剂、零件、配件等
教学组织形式	1. 根据学习任务活动内容和班级人数，进行小组分工，并确定负责人 2. 根据学习任务活动环节，积极引导学生分析学习任务，明确学习重点和难点 3. 对学习活动中的重点和难点，教师进行分析、操作演示和现场指导，帮助学生掌握 4. 以情景模拟的形式，教师安排学生扮演角色，从资料室领取相关维修手册、工量具等 5. 根据检修要求，小组合作完成汽车发动机冷却系统主要零部件的检修 6. 以情景模拟的形式，教师安排学生扮演角色，严格按照 6S 管理要求，清扫、整理、维护和保养实训车辆、实训台架等设备 7. 教师组织学生以小组或个人形式进行分析和总结，汇报学习成果
教学流程与活动	1. 冷却系统的认知（2 学时） 2. 冷却液的检查与更换（4 学时） 3. 节温器的检查与更换（2 学时） 4. 水泵的检查与更换（2 学时） 5. 冷却风扇的检查与更换（2 学时） 6. 散热器的检查与更换（2 学时） 7. 工作总结与评价（2 学时）
评价内容与标准	1. 能完成汽车发动机水温高故障检修工作页中的问题 2. 能按维修标准完成汽车发动机冷却系统各零部件的拆装工作 3. 能在规定时间内，使用维修设备、工量具，按照制订的维修方案，排除汽车发动机水温高故障 4. 能自觉遵守实训车间安全操作规定、安全生产制度、环保管理制度、6S 管理规定等规章制度 5. 能正确进行实训车辆、实训台架的保养和维护 6. 能服从安排，具备从业人员的责任感、团队沟通合作等职业素养

附表 2　汽车发动机水温高故障检修教学活动策划表

教学活动	学生学习活动	教师活动	学习内容	资源	评价点	学时	地点
学习活动 1：冷却系统的认知	1. 以情景模拟的形式，导入本次活动的学习目标 2. 学习汽车发动机冷却系统的作用、组成、分类和水路循环过程 3. 学习汽车发动机冷却系统各零部件的作用及安装位置 4. 学习汽车发动机水温高故障的分析方法 5. 自评、小组互评	1. 工作页准备和发放 2. 讲解工作页要求 3. 布置工作页相关信息，收集任务资料 4. 指导学生完成工作页 5. 检查学生任务完成情况和成果 6. 对学生学习过程进行评价	1. 汽车发动机冷却系统的作用、分类及组成 2. 汽车发动机水路循环系统的分类和工作过程 3. 认知实训车辆或实训台的冷却系统相关零部件 4. 汽车发动机水温高故障分析	1. 工作页 2. 维修手册 3. 知识点视频 4. 互联网 5. 世界技能大赛汽车项目标准	1. 工作页 2. 阅读与查询能力 3. 专业术语 4. 表达方法 5. 小组活动	2	一体化教室
学习活动 2：冷却液的检查与更换	1. 以情景模拟的形式，导入本次活动的学习目标 2. 学习汽车发动机冷却液的组成、特性及选用要求 3. 学习冰点测试仪的作用及使用方法 4. 学习汽车发动机冷却液失效的检修内容和检修方法 5. 完成汽车发动机冷却液的检查与更换 6. 自评、小组互评	1. 工作页准备和发放 2. 讲解工作页要求 3. 布置工作页相关信息，收集任务资料 4. 指导学生完成工作页 5. 检查学生任务完成情况和成果 6. 对学生学习过程进行评价	1. 汽车发动机冷却液的组成、特性及选用要求 2. 冰点测试仪的作用及使用方法 3. 汽车发动机冷却液失效的检修内容和检修方法 4. 汽车发动机冷却液的检查与更换	1. 工作页 2. 维修手册 3. 操作视频 4. 互联网 5. 世界技能大赛汽车项目标准	1. 工作页 2. 阅读与查询能力 3. 专业术语 4. 表达方法 5. 小组活动 6. 6S 管理	4	一体化教室

续表

教学活动	学生学习活动	教师活动	学习内容	资源	评价点	学时	地点
学习活动3：节温器的检查与更换	1. 以情景模拟的形式，导入本次活动的学习目标 2. 学习汽车发动机节温器的作用、分类、结构和工作原理 3. 学习汽车发动机节温器故障的检修内容和检修方法 4. 完成汽车发动机节温器的检查与更换 5. 自评、小组互评	1. 工作页准备和发放 2. 讲解工作页要求 3. 布置工作页相关信息，收集任务资料 4. 指导学生完成工作页 5. 检查学生任务完成情况和成果 6. 对学生学习过程进行评价	1. 汽车发动机节温器的作用、分类、结构和工作原理 2. 汽车发动机节温器故障的检修内容和检修方法 3. 汽车发动机节温器的检查与更换	1. 工作页 2. 维修手册 3. 操作视频 4. 互联网 5. 世界技能大赛汽车项目标准	1. 工作页 2. 阅读与查询能力 3. 专业术语 4. 表达方法 5. 小组活动 6. 6S 管理	2	一体化教室
学习活动4：水泵的检查与更换	1. 以情景模拟的形式，导入本次活动的学习目标 2. 学习汽车发动机水泵的作用、分类、结构和工作原理 3. 学习汽车发动机水泵故障的检修内容和检修方法 4. 完成汽车发动机水泵的检查与更换 5. 自评、小组互评	1. 工作页准备和发放 2. 讲解工作页要求 3. 布置工作页相关信息，收集任务资料 4. 指导学生完成工作页 5. 检查学生任务完成情况和成果 6. 对学生学习过程进行评价	1. 汽车发动机水泵的作用、分类、结构和工作原理 2. 汽车发动机水泵故障的检修内容和检修方法 3. 汽车发动机水泵的检查与更换	1. 工作页 2. 维修手册 3. 操作视频 4. 互联网 5. 世界技能大赛汽车项目标准	1. 工作页 2. 阅读与查询能力 3. 专业术语 4. 表达方法 5. 小组活动 6. 6S 管理	2	一体化教室
学习活动5：冷却风扇的检查与更换	1. 以情景模拟的形式，导入本次活动的学习目标 2. 学习汽车发动机冷却风扇的分类、作用和工作原理 3. 学习汽车发动机冷却风扇故障的检修内容和检修方法 4. 完成汽车发动机冷却风扇的检查与更换 5. 自评、小组互评	1. 工作页准备和发放 2. 讲解工作页要求 3. 布置工作页相关信息，收集任务资料 4. 指导学生完成工作页 5. 检查学生任务完成情况和成果 6. 对学生学习过程进行评价	1. 汽车发动机冷却风扇的分类、作用和工作原理 2. 汽车发动机冷却风扇故障的检修内容和检修方法 3. 汽车发动机冷却风扇的检查与更换	1. 工作页 2. 维修手册 3. 操作视频 4. 互联网 5. 世界技能大赛汽车项目标准	1. 工作页 2. 阅读与查询能力 3. 专业术语 4. 表达方法 5. 小组活动 6. 6S 管理	2	一体化教室

续表

教学活动	学生学习活动	教师活动	学习内容	资源	评价点	学时	地点
学习活动6：散热器的检查与更换	1. 以情景模拟的形式，导入本次活动的学习目标 2. 学习汽车发动机散热器的作用、结构和工作原理 3. 学习汽车发动机散热器故障的检修内容和检修方法 4. 完成汽车发动机散热器的检查与更换	1. 工作页准备和发放 2. 讲解工作页要求 3. 布置工作页相关信息，收集任务资料 4. 指导学生完成工作页 5. 检查学生任务完成情况和成果 6. 对学生学习过程进行评价	1. 汽车发动机散热器的作用、结构和工作原理 2. 汽车发动机散热器故障的检修内容和检修方法 3. 汽车发动机散热器的检查与更换	1. 工作页 2. 维修手册 3. 操作视频 4. 互联网 5. 世界技能大赛汽车项目标准	1. 工作页 2. 阅读与查询能力 3. 专业术语 4. 表达方法 5. 小组活动 6. 6S 管理	2	一体化教室
学习活动7：工作总结与评价	1. 现场展示学习成果并进行总结 2. 现场讨论汽车发动机水温高故障 3. 自评、小组互评 4. 正确完成工作页	1. 指导学生总结、表述 2. 对学生学习环节综合评价 3. 对学生学习环节整体评价	1. 自我总结 2. 表述方法	工作页	1. 体验总结 2. 表达方法 3. 工作页	2	一体化教室

附表3　汽车发动机不能启动故障检修学习任务设计方案

<table>
<tr><td>专业名称</td><td>汽车维修</td><td>一体化课程名称</td><td>汽车发动机简单故障检修</td></tr>
<tr><td>学习任务</td><td>汽车发动机不能启动故障检修</td><td>授课时数</td><td>16学时</td></tr>
<tr><td>工作情境描述</td><td colspan="3">一辆轿车进厂检修，客户反映汽车无法启动，经维修技师检查初步判断为发动机点火系统故障。汽车维修人员需要根据维修手册的相关要求，在规定时间内完成发动机点火系统的检查与零部件的更换，完成后交付验收</td></tr>
<tr><td>学习情境描述</td><td colspan="3">在学习活动1中，学生在教师的引导下，学习汽车发动机点火系统的作用、分类、组成和点火特点，在实训车辆或发动机台架上认识汽车发动机点火系统各组成零部件的名称、作用和安装位置，了解汽车发动机点火系统常见故障，为后续学习活动打下良好的理论基础
在学习活动2中，学生在教师的引导下，学习火花塞的分类、结构、工作原理及选用要求，分析火花塞不点火的原因，明确火花塞故障的检修内容和检修方法，按照维修标准流程完成火花塞的检查与更换
在学习活动3中，学生在教师的引导下，学习点火线圈的组成、作用和特点，正确判别点火线圈的初、次级及其品质好坏，分析点火线圈不工作的原因，明确点火线圈故障的检修内容和检修方法，按照维修标准流程完成点火线圈的检查与更换
在学习活动4中，学生总结本次工作经验，并对学习活动成果进行正确评价
在学习过程中，学生能按教师的要求严格执行每个工作步骤，证明学生已掌握汽车发动机不能启动故障检修的工作步骤、工作思路和工作方法</td></tr>
<tr><td>与其他任务的关系</td><td colspan="3">该学习任务是汽车发动机简单故障检修一体化课程的第二个任务，进行此学习任务，为解决该课程综合性、复杂性问题打下基础</td></tr>
<tr><td>学生基础</td><td colspan="3">具有车辆维修手册和维修资料的基本阅读能力；具有一定的环保管理习惯、6S管理习惯、安全文明生产意识、团队沟通合作意识等</td></tr>
<tr><td>学习目标</td><td colspan="3">1. 能描述点火系统的作用、分类、组成和点火特点，明确汽车发动机不能启动故障的检修内容、检修流程及检修方法
2. 能描述火花塞的分类、结构、工作原理及选用要求，分析火花塞不点火的原因，并能进行火花塞的检查与更换
3. 能描述点火线圈的组成、作用和特点，正确判别点火线圈的初、次级及其品质好坏，分析点火线圈不工作的原因，并能进行点火线圈的检查与更换
4. 能对维修场地的相关设备进行日常维护与保养，按6S管理规定清理现场
5. 能对相关资料、互联网资源进行检索，完成维修工单、工作页的填写
6. 能展示工作成果，进行任务评价，总结工作经验，优化检修方案
7. 能在作业过程中严格执行企业操作规范、安全生产制度、环保管理制度，严格遵守从业人员的职业道德，具有吃苦耐劳、爱岗敬业的工作态度和职业责任感</td></tr>
</table>

续表

学习内容	1. 汽车发动机点火系统的认知 2. 汽车发动机火花塞的检查与更换 3. 汽车发动机点火线圈的检查与更换
教学条件	1. 教学场地：教室、多媒体教室、实训车间 2. 设备：车辆、汽车发动机实训台架、多媒体设备等 3. 工具：通用工具、汽车发动机维修专用工具 4. 防护用品：防护眼镜、抹布、工作服、工作帽 5. 资料：工作页、维修手册、评价表、安全操作规程等 6. 材料：修理包、汽车专用清洗剂、零件、配件等
教学组织形式	1. 根据学习任务活动内容和班级人数，进行小组分工，并确定负责人 2. 根据学习任务活动环节，积极引导学生分析学习任务，明确学习重点和难点 3. 对学习活动中的重点和难点，教师进行分析、操作演示和现场指导，帮助学生掌握 4. 以情景模拟的形式，教师安排学生扮演角色，从资料室领取相关维修手册、工量具等 5. 根据检修要求，小组合作完成汽车发动机点火系统主要零部件的检修 6. 以情景模拟的形式，教师安排学生扮演角色，严格按照6S管理要求，清扫、整理、维护和保养实训车辆、实训台架等设备 7. 教师组织学生以小组或个人形式进行分析和总结，汇报学习成果
教学流程与活动	1. 点火系统的认知（2学时） 2. 火花塞的检查与更换（6学时） 3. 点火线圈的检查与更换（6学时） 4. 工作总结与评价（2学时）
评价内容与标准	1. 能完成汽车发动机不能启动故障检修工作页中的问题 2. 能按维修标准完成汽车发动机点火系统各零部件的拆装工作 3. 能在规定时间内，使用维修设备、工量具，按照制订的维修方案，排除汽车发动机不能启动故障 4. 能自觉遵守实训车间安全操作规定、安全生产制度、环保管理制度、6S管理规定等规章制度 5. 能正确进行实训车辆、实训台架的保养和维护 6. 能服从安排，具备从业人员的责任感、团队沟通合作等职业素养

附表 4 汽车发动机不能启动故障检修教学活动策划表

教学活动	学生学习活动	教师活动	学习内容	资源	评价点	学时	地点
学习活动 1：点火系统的认知	1．以情景模拟的形式，导入本次活动的学习目标 2．学习汽车发动机点火系统的作用、分类和组成 3．学习汽车发动机单缸独立点火和双缸同时点火的特点 4．学习汽车发动机点火系统各零部件的作用及安装位置 5．学习汽车发动机不能启动故障的分析方法 6．自评、小组互评	1．工作页准备和发放 2．讲解工作页要求 3．布置工作页相关信息，收集任务资料 4．指导学生完成工作页 5．检查学生任务完成情况和成果 6．对学生学习过程进行评价	1．汽车发动机点火系统的作用、分类和组成 2．汽车发动机单缸独立点火和双缸同时点火的特点 3．认知实训车辆或实训台的点火系统相关零部件 4．汽车发动机不能启动故障分析	1．工作页 2．维修手册 3．知识点视频 4．互联网 5．世界技能大赛汽车技术项目标准	1．工作页 2．阅读与查询能力 3．专业术语 4．表达方法 5．小组活动	2	一体化教室
学习活动 2：火花塞的检查与更换	1．以情景模拟的形式，导入本次活动的学习目标 2．学习汽车发动机火花塞的分类、结构、工作原理及选用要求 3．学习汽车发动机火花塞故障的检修内容和检修方法 4．完成汽车发动机火花塞的检查与更换 5．自评、小组互评	1．工作页准备和发放 2．讲解工作页要求 3．布置工作页相关信息，收集任务资料 4．指导学生完成工作页 5．检查学生任务完成情况和成果 6．对学生学习过程进行评价	1．汽车发动机火花塞的分类、结构、工作原理及选用要求 2．汽车发动机火花塞故障的检修内容和检修方法 3．汽车发动机火花塞的检查与更换	1．工作页 2．维修手册 3．操作视频 4．互联网 5．世界技能大赛汽车技术项目标准	1．工作页 2．阅读与查询能力 3．专业术语 4．表达方法 5．小组活动 6．6S 管理	6	一体化教室

续表

教学活动	学生学习活动	教师活动	学习内容	资源	评价点	学时	地点
学习活动3：点火线圈的检查与更换	1. 以情景模拟的形式，导入本次活动的学习目标 2. 学习汽车发动机点火线圈的组成、作用和特点 3. 学习汽车发动机点火线圈初、次级及其品质好坏的判断方法 4. 学习汽车发动机点火线圈故障的检修内容和检修方法 5. 完成汽车发动机点火线圈的检查与更换 6. 自评、小组互评	1. 工作页准备和发放 2. 讲解工作页要求 3. 布置工作页相关信息，收集任务资料 4. 指导学生完成工作页 5. 检查学生任务完成情况和成果 6. 对学生学习过程进行评价	1. 汽车发动机点火线圈的组成、作用和特点 2. 汽车发动机点火线圈初、次级及其品质好坏的判断方法 3. 汽车发动机点火线圈故障的检修内容和检修方法 4. 汽车发动机点火线圈的检查与更换	1. 工作页 2. 维修手册 3. 操作视频 4. 互联网 5. 世界技能大赛汽车技术项目标准	1. 工作页 2. 阅读与查询能力 3. 专业术语 4. 表达方法 5. 小组活动 6. 6S 管理	6	一体化教室
学习活动4：工作总结与评价	1. 现场展示学习成果并进行总结 2. 现场讨论汽车发动机不能启动故障 3. 自评、小组互评 4. 正确完成工作页	1. 指导学生总结、表述 2. 对学生学习环节综合评价 3. 对学生学习环节整体评价	1. 自我总结 2. 表述方法	工作页	1. 体验总结 2. 表达方法 3. 工作页	2	一体化教室

附表 5　汽车汽油发动机加速无力故障检修学习任务设计方案

专业名称	汽车维修	一体化课程名称	汽车发动机简单故障检修
学习任务	汽车汽油发动机加速无力故障检修	授课时数	26 学时
工作情境描述	一辆轿车进厂检修，客户反映汽车出现启动多次才着车且加速无力现象，经维修技师检查初步判断为发动机燃料供给系统故障。汽车维修人员需要根据维修手册的相关要求，在规定时间内完成发动机燃料供给系统的检查与零部件的更换，完成后交付验收		
学习情境描述	在学习活动 1 中，学生在教师的引导下，学习汽车汽油发动机燃料供给系统的作用、分类、组成及工作原理，在实训车辆或发动机台架上认识汽车汽油发动机燃料供给系统各组成零部件的名称、作用和安装位置，了解汽车汽油发动机燃料供给系统常见故障，为后续学习活动打下良好的理论基础 在学习活动 2 中，学生在教师的引导下，学习汽车汽油发动机燃油泵的分类、组成和工作原理，分析汽油发动机燃油泵故障的原因，明确汽油发动机燃油泵故障的检修内容和检修方法，按照维修标准流程完成汽油发动机燃油泵的检查与更换 在学习活动 3 中，学生在教师的引导下，学习空气滤清器的作用、分类、组成、清洁和保养方法，以及空气滤清器滤芯的选用方法，分析空气滤清器工作不良的原因，明确空气滤清器故障的检修内容和检修方法，按照维修标准流程完成空气滤清器的检查与更换 在学习活动 4 中，学生在教师的引导下，学习汽车汽油发动机燃油供给系统压力的检测条件和检测方法，分析汽油发动机燃油供给系统压力异常的原因，明确汽油发动机燃油供给系统压力异常的检修方法，按照维修标准流程完成汽油发动机燃油供给系统压力的检测 在学习活动 5 中，学生在教师的引导下，学习节气门的分类和特点，以及节气门及其控制机构的组成，分析节气门积碳过多的原因，明确节气门故障的检修内容和检修方法，按照维修标准流程完成节气门的检查与清洗 在学习活动 6 中，学生在教师的引导下，学习汽车汽油发动机喷油器的作用、分类，以及喷油器及其控制机构的组成，分析汽油发动机喷油器喷油不良的原因，明确汽油发动机喷油器故障的检修内容和检修方法，按照维修标准流程完成汽油发动机喷油器的检查与清洗 在学习活动 7 中，学生总结本次工作经验，并对学习活动成果进行正确评价 在学习过程中，学生能按教师的要求严格执行每个工作步骤，证明学生已掌握汽车汽油发动机加速无力故障检修的工作步骤、工作思路和工作方法		
与其他任务的关系	该学习任务是汽车发动机简单故障检修一体化课程的第三个任务，进行此学习任务，为解决该课程综合性、复杂性问题打下基础		
学生基础	具有车辆维修手册和维修资料的基本阅读能力；具有一定的环保管理习惯、6S 管理习惯、安全文明生产意识、团队沟通合作意识等		
学习目标	1. 能描述汽油发动机燃料供给系统的作用、分类、组成和工作原理，明确汽车汽油发动机加速无力故障的检修内容、检修流程及检修方法 2. 能描述汽油发动机燃油泵的分类、组成和工作原理，分析汽油发动机燃油泵故障的原因，并能进行汽油发动机燃油泵的检查与更换 3. 能描述空气滤清器的作用、分类、组成、清洁和保养方法，以及空气滤清器滤芯的选用方法，分析空气滤清器工作不良的原因，并能进行空气滤清器的检查与更换 4. 能描述汽油发动机燃油供给系统压力的检测条件和检测方法，分析汽油发动机燃油供给系统压力异常的原因，并能进行汽油发动机燃油供给系统压力的检测		

续表

学习目标	5. 能描述节气门的分类、组成和特点，分析节气门积碳过多的原因，并能进行节气门的检查与清洗 6. 能描述汽油发动机喷油器的作用、分类和组成，分析汽油发动机喷油器喷油不良的原因，并能进行汽油发动机喷油器的检查与清洗 7. 能对维修场地的相关设备进行日常维护与保养，按6S管理规定清理现场 8. 能对相关资料、互联网资源进行检索，完成维修工单、工作页的填写 9. 能展示工作成果，进行任务评价，总结工作经验，优化检修方案 10. 能在作业过程中严格执行企业操作规范、安全生产制度、环保管理制度，严格遵守从业人员的职业道德，具有吃苦耐劳、爱岗敬业的工作态度和职业责任感
学习内容	1. 汽车汽油发动机燃料供给系统的认知 2. 汽车汽油发动机燃油泵的检查与更换 3. 汽车汽油发动机空气滤清器的检查与更换 4. 汽车汽油发动机燃油供给系统压力的检测 5. 汽车汽油发动机节气门的检查与清洗 6. 汽车汽油发动机喷油器的检查与清洗
教学条件	1. 教学场地：教室、多媒体教室、实训车间 2. 设备：车辆、汽车发动机实训台架、多媒体设备等 3. 工具：通用工具、汽车发动机维修专用工具 4. 防护用品：防护眼镜、抹布、工作服、工作帽 5. 资料：工作页、维修手册、评价表、安全操作规程等 6. 材料：修理包、汽车专用清洗剂、零件、配件等
教学组织形式	1. 根据学习任务活动内容和班级人数，进行小组分工，并确定负责人 2. 根据学习任务活动环节，积极引导学生分析学习任务，明确学习重点和难点 3. 对学习活动中的重点和难点，教师进行分析、操作演示和现场指导，帮助学生掌握 4. 以情景模拟的形式，教师安排学生扮演角色，从资料室领取相关维修手册、工量具等 5. 根据检修要求，小组合作完成汽车汽油发动机燃料供给系统主要零部件的检修 6. 以情景模拟的形式，教师安排学生扮演角色，严格按照6S管理要求，清扫、整理、维护和保养实训车辆、实训台架等设备 7. 教师组织学生以小组或个人形式进行分析和总结，汇报学习成果
教学流程与活动	1. 燃料供给系统的认知（4学时） 2. 燃油泵的检查与更换（4学时） 3. 空气滤清器的检查与更换（4学时） 4. 燃油供给系统压力的检测（4学时） 5. 节气门的检查与清洗（4学时） 6. 喷油器的检查与清洗（4学时） 7. 工作总结与评价（2学时）
评价内容与标准	1. 能完成汽车汽油发动机加速无力故障检修工作页中的问题 2. 能按维修标准完成汽车汽油发动机燃料供给系统各零部件的拆装工作 3. 能在规定时间内，使用维修设备、工量具，按照制订的维修方案，排除汽车汽油发动机加速无力故障 4. 能自觉遵守实训车间安全操作规定、安全生产制度、环保管理制度、6S管理规定等规章制度 5. 能正确进行实训车辆、实训台架的保养和维护 6. 能服从安排，具备从业人员的责任感、团队沟通合作等职业素养

附表 6　汽车汽油发动机加速无力故障检修教学活动策划表

教学活动	学生学习活动	教师活动	学习内容	资源	评价点	学时	地点
学习活动1：燃料供给系统的认知	1. 以情景模拟的形式，导入本次活动的学习目标 2. 学习汽车汽油发动机燃料供给系统的作用、分类、组成和工作原理 3. 学习汽车汽油发动机燃料供给系统各零部件的作用及安装位置 4. 学习汽车汽油发动机加速无力故障的分析方法 5. 自评、小组互评	1. 工作页准备和发放 2. 讲解工作页要求 3. 布置工作页相关信息，收集任务资料 4. 指导学生完成工作页 5. 检查学生任务完成情况和成果 6. 对学生学习过程进行评价	1. 汽车汽油发动机燃料供给系统的作用、分类、组成和工作原理 2. 认知实训车辆或实训台的汽车汽油发动机燃料供给系统相关零部件 3. 汽车汽油发动机加速无力故障分析	1. 工作页 2. 维修手册 3. 知识点视频 4. 互联网 5. 世界技能大赛汽车技术项目标准	1. 工作页 2. 阅读与查询能力 3. 专业术语 4. 表达方法 5. 小组活动	4	一体化教室
学习活动2：燃油泵的检查与更换	1. 以情景模拟的形式，导入本次活动的学习目标 2. 学习汽车汽油发动机燃油泵的分类、组成和工作原理 3. 学习汽车汽油发动机燃油泵故障的检修内容和检修方法 4. 完成汽车汽油发动机燃油泵的检查与更换 5. 自评、小组互评	1. 工作页准备和发放 2. 讲解工作页要求 3. 布置工作页相关信息，收集任务资料 4. 指导学生完成工作页 5. 检查学生任务完成情况和成果 6. 对学生学习过程进行评价	1. 汽车汽油发动机燃油泵的分类、组成和工作原理 2. 汽车汽油发动机燃油泵故障的检修内容和检修方法 3. 汽车汽油发动机燃油泵的检查与更换	1. 工作页 2. 维修手册 3. 知识点视频 4. 互联网 5. 世界技能大赛汽车技术项目标准	1. 工作页 2. 阅读与查询能力 3. 专业术语 4. 表达方法 5. 小组活动 6. 6S 管理	4	一体化教室

续表

教学活动	学生学习活动	教师活动	学习内容	资源	评价点	学时	地点
学习活动3：空气滤清器的检查与更换	1. 以情景模拟的形式，导入本次活动的学习目标 2. 学习汽车发动机空气滤清器的作用、分类和组成 3. 学习汽车发动机空气滤清器的清洁和保养方法，以及空气滤清器滤芯的选用方法 4. 学习汽车发动机空气滤清器故障的检修内容和检修方法 5. 完成汽车发动机空气滤清器的检查与更换 6. 自评、小组互评	1. 工作页准备和发放 2. 讲解工作页要求 3. 布置工作页相关信息，收集任务资料 4. 指导学生完成工作页 5. 检查学生任务完成情况和成果 6. 对学生学习过程进行评价	1. 汽车发动机空气滤清器的作用、分类和组成 2. 汽车发动机空气滤清器的清洁和保养方法，以及空气滤清器滤芯的选用方法 3. 汽车发动机空气滤清器故障的检修内容和检修方法 4. 汽车发动机空气滤清器的检查与更换	1. 工作页 2. 维修手册 3. 知识点视频 4. 互联网 5. 世界技能大赛汽车技术项目标准	1. 工作页 2. 阅读与查询能力 3. 专业术语 4. 表达方法 5. 小组活动 6. 6S 管理	4	一体化教室
学习活动4：燃油供给系统压力的检测	1. 以情景模拟的形式，导入本次活动的学习目标 2. 学习汽车汽油发动机燃油供给系统压力的检测条件和检测方法 3. 学习汽车汽油发动机燃油供给系统压力异常的检修方法 4. 完成汽车汽油发动机燃油供给系统压力的检测 5. 自评、小组互评	1. 工作页准备和发放 2. 讲解工作页要求 3. 布置工作页相关信息，收集任务资料 4. 指导学生完成工作页 5. 检查学生任务完成情况和成果 6. 对学生学习过程进行评价	1. 汽油发动机燃油供给系统压力的检测条件和检测方法 2. 汽车汽油发动机燃油供给系统压力异常的检修方法 3. 汽车汽油发动机燃油供给系统压力的检测	1. 工作页 2. 维修手册 3. 操作视频 4. 互联网 5. 世界技能大赛汽车技术项目标准	1. 工作页 2. 阅读与查询能力 3. 专业术语 4. 表达方法 5. 小组活动 6. 6S 管理	4	一体化课室

续表

教学活动	学生学习活动	教师活动	学习内容	资源	评价点	学时	地点
学习活动5：节气门的检查与清洗	1. 以情景模拟的形式，导入本次活动的学习目标 2. 学习汽车发动机节气门的分类和特点 3. 学习汽车发动机节气门及其控制机构的组成 4. 学习汽车发动机节气门故障的检修内容和检修方法 5. 完成汽车发动机节气门的检查与清洗 6. 自评、小组互评	1. 工作页准备和发放 2. 讲解工作页要求 3. 布置工作页相关信息，收集任务资料 4. 指导学生完成工作页 5. 检查学生任务完成情况和成果 6. 对学生学习过程进行评价	1. 汽车发动机节气门的分类和特点 2. 汽车发动机节气门及其控制机构的组成 3. 汽车发动机节气门故障的检修内容和检修方法 4. 汽车发动机节气门的检查与清洗	1. 工作页 2. 维修手册 3. 操作视频 4. 互联网 5. 世界技能大赛汽车技术项目标准	1. 工作页 2. 阅读与查询能力 3. 专业术语 4. 表达方法 5. 小组活动 6. 6S 管理	4	一体化课室
学习活动6：喷油器的检查与清洗	1. 以情景模拟的形式，导入本次活动的学习目标 2. 学习汽车汽油发动机喷油器的作用和分类 3. 学习汽车汽油发动机喷油器及其控制机构的组成 4. 学习汽车汽油发动机喷油器故障的检修内容和检修方法 5. 完成汽车汽油发动机喷油器的检查与清洗 6. 自评、小组互评	1. 工作页准备和发放 2. 讲解工作页要求 3. 布置工作页相关信息，收集任务资料 4. 指导学生完成工作页 5. 检查学生任务完成情况和成果 6. 对学生学习过程进行评价	1. 汽车汽油发动机喷油器的作用和分类 2. 汽车汽油发动机喷油器及其控制机构的组成 3. 汽车汽油发动机喷油器故障的检修内容和检修方法 4. 汽车汽油发动机喷油器的检查与清洗	1. 工作页 2. 维修手册 3. 操作视频 4. 互联网 5. 世界技能大赛汽车技术项目标准	1. 工作页 2. 阅读与查询能力 3. 专业术语 4. 表达方法 5. 小组活动 6. 6S 管理	4	一体化课室
学习活动7：工作总结与评价	1. 现场展示学习成果并进行总结 2. 现场讨论汽车汽油发动机加速无力故障 3. 自评、小组互评 4. 正确完成工作页	1. 指导学生总结、表述 2. 对学生学习环节综合评价 3. 对学生学习环节整体评价	1. 自我总结 2. 表述方法	工作页	1. 体验总结 2. 表达方法 3. 工作页	2	一体化教室

附表 7　汽车柴油发动机加速无力故障检修学习任务设计方案

专业名称	汽车维修	一体化课程名称	汽车发动机简单故障检修
学习任务	汽车柴油发动机加速无力故障检修	授课时数	22 学时
工作情境描述	一辆轿车进厂检修，客户反映汽车出现启动多次才着车且加速无力现象，经维修技师检查初步判断为发动机燃料供给系统故障。汽车维修人员需要根据维修手册的相关要求，在规定时间内完成发动机燃料供给系统的检查与零部件的更换，完成后交付验收		
学习情境描述	在学习活动 1 中，学生在教师的引导下，学习汽车柴油发动机燃料供给系统的作用、分类、组成及工作原理，在实训车辆或发动机台架上认识汽车柴油发动机燃料供给系统各组成零部件的名称、作用和安装位置，了解汽车柴油发动机燃料供给系统常见故障，为后续学习活动打下良好的理论基础 在学习活动 2 中，学生在教师的引导下，学习汽车柴油发动机燃油泵的分类、特点、结构及工作原理，分析柴油发动机燃油泵泵油不足的原因，明确柴油发动机燃油泵故障的检修内容和检修方法，按照维修标准流程完成柴油发动机燃油泵的检查与更换 在学习活动 3 中，学生在教师的引导下，学习油水分离器的作用、分类、结构和工作原理，分析油水分离器失效的原因，明确油水分离器故障的检修内容和检修方法，按照维修标准流程完成油水分离器的检查与更换 在学习活动 4 中，学生在教师的引导下，学习汽车柴油发动机燃油供给系统压力的检测方法和检测参数，分析柴油发动机燃油供给系统压力异常的原因，明确柴油发动机燃油供给系统压力异常的检修方法，按照维修标准流程完成柴油发动机燃油供给系统压力的检测 在学习活动 5 中，学生在教师的引导下，学习汽车柴油发动机喷油器的作用、分类、特点、结构和工作原理，分析柴油发动机喷油器喷油量异常的原因，明确柴油发动机喷油器故障的检修内容和检修方法，按照维修标准流程完成柴油发动机喷油器的检查与更换 在学习活动 6 中，学生总结本次工作经验，并对学习活动成果进行正确评价 在学习过程中，学生能按教师的要求严格执行每个工作步骤，证明学生已掌握汽车柴油发动机加速无力故障检修的工作步骤、工作思路和工作方法			
与其他任务的关系	该学习任务是汽车发动机简单故障检修一体化课程的第四个任务，进行此学习任务，为解决该课程综合性、复杂性问题打下基础			
学生基础	具有车辆维修手册和维修资料的基本阅读能力；具有一定的环保管理习惯、6S 管理习惯、安全文明生产意识、团队沟通合作意识等			
学习目标	1. 能描述柴油发动机燃料供给系统的作用、分类、组成和工作过程，明确汽车柴油发动机加速无力故障的检修内容、检修流程及检修方法 2. 能描述柴油发动机燃油泵的分类、特点、结构和工作原理，分析柴油发动机燃油泵泵油不足的原因，并能进行柴油发动机燃油泵的检查与更换 3. 能描述油水分离器的作用、分类、结构和工作原理，分析油水分离器失效的原因，并能进行油水分离器的检查与更换 4. 能描述柴油发动机燃油供给系统压力的检测方法和检测参数，分析柴油发动机燃油供给系统压力异常的原因，并能进行柴油发动机燃油供给系统压力的检测			

续表

学习目标	5. 能描述柴油发动机喷油器的作用、分类、特点、结构和工作原理，分析柴油发动机喷油器喷油量异常的原因，并能进行柴油发动机喷油器的检查与更换 6. 能对维修场地的相关设备进行日常维护与保养，按 6S 管理规定清理现场 7. 能对相关资料、互联网资源进行检索，完成维修工单、工作页的填写 8. 能展示工作成果，进行任务评价，总结工作经验，优化检修方案 9. 能在作业过程中严格执行企业操作规范、安全生产制度、环保管理制度，严格遵守从业人员的职业道德，具有吃苦耐劳、爱岗敬业的工作态度和职业责任感
学习内容	1. 汽车柴油发动机燃料供给系统的认知 2. 汽车柴油发动机燃油泵的检查与更换 3. 汽车柴油发动机油水分离器的检查与更换 4. 汽车柴油发动机燃油供给系统压力的检测 5. 汽车柴油发动机喷油器的检查与更换
教学条件	1. 教学场地：教室、多媒体教室、实训车间 2. 设备：车辆、汽车发动机实训台架、多媒体设备等 3. 工具：通用工具、汽车发动机维修专用工具 4. 防护用品：防护眼镜、抹布、工作服、工作帽 5. 资料：工作页、维修手册、评价表、安全操作规程等 6. 材料：修理包、汽车专用清洗剂、零件、配件等
教学组织形式	1. 根据学习任务活动内容和班级人数，进行小组分工，并确定负责人 2. 根据学习任务活动环节，积极引导学生分析学习任务，明确学习重点和难点 3. 对学习活动中的重点和难点，教师进行分析、操作演示和现场指导，帮助学生掌握 4. 以情景模拟的形式，教师安排学生扮演角色，从资料室领取相关维修手册、工量具等 5. 根据检修要求，小组合作完成汽车柴油发动机燃料供给系统主要零部件的检修 6. 以情景模拟的形式，教师安排学生扮演角色，严格按照 6S 管理要求，清扫、整理、维护和保养实训车辆、实训台架等设备 7. 教师组织学生以小组或个人形式进行分析和总结，汇报学习成果
教学流程与活动	1. 燃料供给系统的认知（4 学时） 2. 燃油泵的检查与更换（6 学时） 3. 油水分离器的检查与更换（2 学时） 4. 燃油供给系统压力的检测（4 学时） 5. 喷油器的检查与更换（4 学时） 6. 工作总结与评价（2 学时）
评价内容与标准	1. 能完成汽车柴油发动机加速无力故障检修工作页中的问题 2. 能按维修标准完成汽车柴油发动机燃料供给系统各零部件的拆装工作 3. 能在规定时间内，使用维修设备、工量具，按照制订的维修方案，排除汽车柴油发动机加速无力故障 4. 能自觉遵守实训车间安全操作规定、安全生产制度、环保管理制度、6S 管理规定等规章制度 5. 能正确进行实训车辆、实训台架的保养和维护 6. 能服从安排，具备从业人员的责任感、团队沟通合作等职业素养

附表 8　汽车柴油发动机加速无力故障检修教学活动策划表

教学活动	学生学习活动	教师活动	学习内容	资源	评价点	学时	地点
学习活动 1：燃料供给系统的认知	1. 以情景模拟的形式，导入本次活动的学习目标 2. 学习汽车柴油发动机燃料供给系统的作用、分类、组成和工作原理 3. 学习汽车柴油发动机燃料供给系统各零部件的作用及安装位置 4. 学习汽车柴油发动机加速无力故障的分析方法 5. 自评、小组互评	1. 工作页准备和发放 2. 讲解工作页要求 3. 布置工作页相关信息，收集任务资料 4. 指导学生完成工作页 5. 检查学生任务完成情况和成果 6. 对学生学习过程进行评价	1. 汽车柴油发动机燃料供给系统的作用、分类、组成和工作原理 2. 认知实训车辆或实训台的汽车柴油发动机燃料供给系统相关零部件 3. 汽车柴油发动机加速无力故障分析	1. 工作页 2. 维修手册 3. 知识点视频 4. 互联网 5. 世界技能大赛汽车技术项目标准	1. 工作页 2. 阅读与查询能力 3. 专业术语 4. 表达方法 5. 小组活动	4	一体化教室
学习活动 2：燃油泵的检查与更换	1. 以情景模拟的形式，导入本次活动的学习目标 2. 学习汽车柴油发动机燃油泵的分类、特点、结构及工作原理 3. 学习汽车柴油发动机燃油泵故障的检修内容和检修方法 4. 完成汽车柴油发动机燃油泵的检查与更换 5. 自评、小组互评	1. 工作页准备和发放 2. 讲解工作页要求 3. 布置工作页相关信息，收集任务资料 4. 指导学生完成工作页 5. 检查学生任务完成情况和成果 6. 对学生学习过程进行评价	1. 汽车柴油发动机燃油泵的分类、特点、结构及工作原理 2. 汽车柴油发动机燃油泵故障的检修内容和检修方法 3. 汽车柴油发动机燃油泵的检查与更换	1. 工作页 2. 维修手册 3. 知识点视频 4. 互联网 5. 世界技能大赛汽车技术项目标准	1. 工作页 2. 阅读与查询力 3. 专业术语 4. 表达方法 5. 小组活动 6. 6S 管理	6	一体化教室

续表

教学活动	学生学习活动	教师活动	学习内容	资源	评价点	学时	地点
学习活动3：油水分离器的检查与更换	1．以情景模拟的形式，导入本次活动的学习目标 2．学习汽车柴油发动机油水分离器的作用、分类、结构和工作原理 3．学习汽车柴油发动机油水分离器故障的检修内容和检修方法 4．完成汽车柴油发动机油水分离器的检查与更换 5．自评、小组互评	1．工作页准备和发放 2．讲解工作页要求 3．布置工作页相关信息，收集任务资料 4．指导学生完成工作页 5．检查学生任务完成情况和成果 6．对学生学习过程进行评价	1．汽车柴油发动机油水分离器的作用、分类、结构和工作原理 2．汽车柴油发动机油水分离器故障的检修内容和检修方法 3．汽车柴油发动机油水分离器的检查与更换	1．工作页 2．维修手册 3．知识点视频 4．互联网 5．世界技能大赛汽车技术项目标准	1．工作页 2．阅读与查询力 3．专业术语 4．表达方法 5．小组活动 6．6S 管理	2	一体化教室
学习活动4：燃油供给系统压力的检测	1．以情景模拟的形式，导入本次活动的学习目标 2．学习汽车柴油发动机燃油供给系统压力的检测方法和检测参数 3．学习汽车柴油发动机燃油供给系统压力异常的检修方法 4．完成汽车柴油发动机燃油供给系统压力的检测 5．自评、小组互评	1．工作页准备和发放 2．讲解工作页要求 3．布置工作页相关信息，收集任务资料 4．指导学生完成工作页 5．检查学生任务完成情况和成果 6．对学生学习过程进行评价	1．汽车柴油发动机燃油供给系统压力的检测方法和检测参数 2．汽车柴油发动机燃油供给系统压力异常的检修方法 3．汽车柴油发动机燃油供给系统压力的检测	1．工作页 2．维修手册 3．知识点视频 4．互联网 5．世界技能大赛汽车技术项目标准	1．工作页 2．阅读与查询力 3．专业术语 4．表达方法 5．小组活动 6．6S 管理	4	一体化教室

续表

教学活动	学生学习活动	教师活动	学习内容	资源	评价点	学时	地点
学习活动5：喷油器的检查与更换	1. 以情景模拟的形式，导入本次活动的学习目标 2. 学习汽车柴油发动机喷油器的作用、分类、特点、结构和工作原理 3. 学习汽车柴油发动机喷油器故障的检修内容和检修方法 4. 完成汽车柴油发动机喷油器的检查与更换 5. 自评、小组互评	1. 工作页准备和发放 2. 讲解工作页要求 3. 布置工作页相关信息，收集任务资料 4. 指导学生完成工作页 5. 检查学生任务完成情况和成果 6. 对学生学习过程进行评价	1. 汽车柴油发动机喷油器的作用、分类、特点、结构和工作原理 2. 汽车柴油发动机喷油器故障的检修内容和检修方法 3. 汽车柴油发动机喷油器的检查与更换	1. 工作页 2. 维修手册 3. 知识点视频 4. 互联网 5. 世界技能大赛汽车技术项目标准	1. 工作页 2. 阅读与查询力 3. 专业术语 4. 表达方法 5. 小组活动 6. 6S 管理	4	一体化教室
学习活动6：工作总结与评价	1. 现场展示学习成果并进行总结 2. 现场讨论汽车柴油发动机加速无力故障 3. 自评、小组互评 4. 正确完成工作页	1. 指导学生总结、表述 2. 对学生学习环节综合评价 3. 对学生学习环节整体评价	1. 自我总结 2. 表述方法	工作页	1. 体验总结 2. 表达方法 3. 工作页	2	一体化教室